Emilia Pardo Bazán

Cuentos sacroprofanos

Créditos

Título original: Cuentos sacroprofanos.

© 2024, Red ediciones S.L.

e-mail: info@linkgua.com

Diseño de cubierta: Michel Mallard.

ISBN tapa dura: 978-84-1126-386-3.
ISBN rústica: 978-84-9953-821-1.
ISBN ebook: 978-84-9007-754-2.

Cualquier forma de reproducción, distribución, comunicación pública o transformación de esta obra solo puede ser realizada con la autorización de sus titulares, salvo excepción prevista por la ley. Diríjase a CEDRO (Centro Español de Derechos Reprográficos, www.cedro.org) si necesita fotocopiar, escanear o hacer copias digitales de algún fragmento de esta obra.

Sumario

Créditos	4
Brevísima presentación	9
La vida	9
«La Borgoñona»	11
I	11
II	17
La sed de Cristo	24
Las tijeras	28
El palacio de Artasar	33
El niño de San Antonio	37
La máscara	41
Miguel y Jorge	47
Corpus	51
El cuarto...	53
El martirio de sor Bibiana	57
Los hilos	60
Posesión	64
La lógica	69

El aviso	73
Sequía	78
Desde afuera	83
El pecado de Yemsid	87
«Omnia Vincit»	91
La penitencia de Dora	96
Ceniza	100
Las cerezas	103
El Santo Grial	107
El talismán	111
Reconciliación	117
La moneda del mundo	121
Entrada de año	123
Tiempo de ánimas	127
El antepasado	131
La comedia piadosa	135
I. Casuística	137

II. Cuaresmal _____ 143

III. La conciencia de «Malvita» _____ 146

IV. Los huevos pasados _____ 150

La operación _____ 152

Crimen libre _____ 156

Cuento inmoral _____ 162

Travesura Pontificia _____ 166

Vidrio de colores _____ 172

El peregrino _____ 176

Desde allí _____ 182

Libros a la carta _____ 187

Brevísima presentación

La vida

Emilia Pardo Bazán (1851-1921). España.
Nació el 16 de septiembre en A Coruña. Hija de los condes de Pardo Bazán, título que heredó en 1890. En su adolescencia escribió algunos versos y los publicó en el *Almanaque de Soto Freire*.
En 1868 contrajo matrimonio con José Quiroga, vivió en Madrid y viajó por Francia, Italia, Suiza, Inglaterra y Austria; sus experiencias e impresiones quedaron reflejadas en libros como *Al pie de la torre Eiffel* (1889), *Por Francia y por Alemania* (1889) o *Por la Europa católica* (1905).
En 1876 Emilia editó su primer libro, *Estudio crítico de Feijoo*, y una colección de poemas, *Jaime*, con motivo del nacimiento de su primer hijo. *Pascual López*, su primera novela, se publicó en 1879 y en 1881 apareció *Viaje de novios*, la primera novela naturalista española. Entre 1831 y 1893 editó la revista *Nuevo Teatro Crítico* y en 1896 conoció a Émile Zola, Alphonse Daudet y los hermanos Goncourt. Además tuvo una importante actividad política como consejera de Instrucción Pública y activista feminista.
Desde 1916 hasta su muerte el 12 de mayo de 1921, fue profesora de Literaturas románicas en la Universidad de Madrid.

«La Borgoñona»

El día que encontré esta leyenda en una crónica franciscana, cuyas hojas amarillentas soltaban sobre mis dedos curiosos el polvillo finísimo que revela los trabajos de la polilla, quedéme un rato meditabunda, discurriendo si la historia, que era edificante para nuestros sencillos tatarabuelos, parecía escandalosa a la edad presente. Porque hartas veces observo que hemos crecido, si no en maldad, al menos en malicia, y que nunca un autor necesitó tanta cautela como ahora para evitar que subrayasen sus frases e interpreten sus intenciones y tomen por donde queman sus relatos inocentes. Así todos andamos recelosos y, valga esta propia metáfora, barba sobre el hombro, de miedo de escribir algo pernicioso y de incurrir en grandísima herejía.

Pero acontece que si llega a agradarnos o a producirnos honda impresión un asunto, no nos sale ya fácilmente de la cabeza, y diríase que bulle y se revuelve allí cula el feto en las maternas entrañas, solicitando romper su cárcel oscura y ver la luz. Así yo, desde que leí la historia milagrosa que —escrúpulos a un lado— voy a contar, no sin algunas variantes, viví en compañía de la heroína, y sus aventuras se me aparecieron como serie de viñetas de misal, rodeadas de orlas de oro y colores caprichosamente iluminadas, o a modo de vidriera de catedral gótica, con sus personajes vestidos de azul turquí, púrpura y amaranto. ¡Oh, quién tuviese el candor, la hermosa serenidad del viejo cronista para empezar diciendo: «¡En el nombre del Padre...!»

I

Eran muchos, muchos años o, por mejor decir, muchos siglos hace; el tiempo en que Francisco de Asís, después de haber recorrido varias tierras de Europa, exhortando a la pobreza y a la penitencia, enviaba sus discípulos por todas partes a continuar la predicación del Evangelio.

Los pueblecitos y lugarejos de Italia y Francia estaban acostumbrados ya a ver llegar misioneros peregrinos, de sayal corto y descalzos pies, que se iban derechos a la plaza pública y, encaramándose sobre una piedra o sobre un montón de escombros, pronunciaban pláticas fogosas, condenando los vicios, increpando a los oyentes por su tibieza en amar a Dios. Bajábanse después del improvisado púlpito y los aldeanos se disputaban el honor de ofrecerles hospitalidad, lumbre y cena.

No obstante, en las inmediaciones de Dijón existía una granja aislada, a cuya puerta no había llamado nunca el peregrino ni el misionero. Desviada de toda comunicación, solo acudían allí tratantes dijonenses a comprar el excelente vino de la cosecha; pues el dueño de la granja era un cosechero ricote y tenía atestadas de toneles sus bodegas, y de grano su troj. Colono de opulenta abadía, arrendara al abad por poco dinero y muchos años pingües tierras, y según de público se contaba, ya en sus arcas había algo más que viento. Él lo negaba; era avaro, mezquino, escatimaba la comida y el salario a sus jornaleros, jamás dio una blanca de limosna y su mayor despilfarro consistía en traer a veces de Dijón una cofia nueva de encaje o una medalla de oro a su hija única. Omite la crónica el nombre de la doncella, que bien pudo llamarse Berta, Alicia, Margarita o cosa por el estilo, pero a nosotros ha llegado con el sobrenombre de la Borgoñona. De cierto sabemos que la hija del cosechero era moza y linda como unas flores, y a más tan sensible, tierna y generosa como duro de pelar y tacaño su padre. Los mozos de las cercanías bien quisieran dar un tiento a la niña y de paso a la hucha del viejo, donde guardaba, sin duda, pingüe dote en relucientes monedas de oro; mas nunca requiebros de gañanes tiñeron de rosa las mejillas de la doncella, ni apresuraron los latidos de su seno. Indiferente los escuchaba, acaso burlándose de sus extremos y finezas amorosas.

Un día de invierno, al caer la tarde, hallábase la Borgoñona sentada en un poyo ante la puerta de la granja, hilando su rueca. El huso giraba rápidamente entre sus dedos, el copo se abría y un tenue hilo, que semejaba de oro, partía de la rueca ligera al huso danzarín. Sin interrumpir su maquinal tarea, la Borgoñona pensaba involuntariamente en cosas tristes. ¡Qué solitaria era aquella granja, Madre de Dios! ¡Qué aire tenía de miseria y de vetustez! ¡Nunca se oían en ella risas ni canciones; siempre se trabajaba callandito, plantando, cavando, podando, vendimiando, pisando el vino, metiéndolo en los toneles, sin verlo jamás correr, espumante y rojo, de los tanques a los vasos, en la alegría de las veladas!

«¿A qué tanto afanarse? —reflexionaba la niña—. Mi padre taciturno, vendiendo su vino, contando sus dineros a las altas horas de la noche; yo, hilando, lavando, fregando las cacerolas, amasando el pan que he de comer al día siguiente... ¡Ah!, inaciese yo hija de un pobre artesano de Dijón, de un vasallo del obispo, y sería más dichosa!»

Distraída con tales pensamientos, la Borgoñona no vio a un hombre que por el estrecho sendero abierto entre las viñas caminaba despacio hacia la granja. Muy cerca estaba ya, cuando el ruido de su báculo sobre las piedrezuelas del camino movió a la doncella a alzar la cabeza con curiosidad que se trocó en sorpresa así que hubo contemplado al forastero, el cual frisaría a lo sumo en los veinticinco años, si bien la demacración del rostro y el aire humilde y contrito le disimulaban la mocedad. Un sayal gris, que era todo él un puro remiendo, le resguardaba mal del frío; una cuerda grosera ceñía su cintura; traía la cabeza descubierta, desnudos los pies y muy maltratados de los guijarros y apoyábase en un palo de espino. Al punto comprendió la Borgoñona que no era un mendigo, sino penitente, el hombre que así se presentaba, y con palabras dulces y ademanes llenos de reverencia, le tomó de la mano y le hizo entrar en la cocina y sentarse junto al fuego. Veloz como una saeta corrió al establo, y ordeñó la mejor vaca para traer al peregrino una taza de leche caliente. Partió del enorme mollete de pan un buen trozo, que migó en la taza, y arrodillándose casi, mostrando mucho amor y liberalidad, sirvió a su huésped.

Él agradeció en breves frases la caridad que le hacían, y mientras despachaba el frugal alimento comenzó a explicar, con suave pronunciación italiana, cosas que suspendieron y embelesaron a la Borgoñona. Habló de Italia, donde el cielo es tan azul, el aire tan tibio y, en especial, de la región de Umbria, amenísima en sus valles, y en sus montes severa. Después nombró a Asís, y refirió los prodigios que obraba el hermano Francisco, el serafín humano, el cual seguían, atraídos por sus predicaciones, pueblos enteros. Citó a una joven muy bella y de sangre noble, Clara, cuya santidad portentosa era respetada no solo por los hombres, sino hasta por los lobos de la sierra. Añadió que el hermano Francisco había compuesto, para alabar a Dios y desahogar sus afectos de amor celestial, tiernos cánticos; y como la Borgoñona solicitase oírlos, el forastero cantó algunos; y aunque no entendía la letra, el tono y el modo de cantar del desconocido hicieron arrasarse en lágrimas los ojos de la niña. El forastero tenía los suyos bajos, rehuyendo ver el rostro femenino, que adivinaba fresco, gracioso y juvenil. Ella, en cambio, devoraba con la mirada aquellas facciones nobles y expresivas, que la mortificación y el ayuno habían empalidecido.

Cerrada ya la noche, fueron entrando en la cocina los mozos y mozas de labranza, encendiéronse candiles y antorchas de resina, aumentóse el fuego con haces de secos sarmientos de vid y preparáronse a aprovechar la velada, ellas hilando, ellos cortando y afilando estacas destinadas a sostener las cepas de viña. Todos miraban curiosamente al forastero, que en la misma actitud humilde permanecía junto el fuego, silencioso y sin adelantar las palmas de sus amoratadas manos hacia el grato calorcillo de la llama. Un rumor contenido se dejó oír cuando entró el amo de casa: todos querían saber qué diría el avaro de la presencia del huésped.

Pero la Borgoñona, saliendo a recibir a su padre con afabilidad suma, le contó cómo ella había ofrecido hospitalidad a aquel santo, a fin de que no pasase la noche al frío en algún viñedo. No mostró el viejo gran disgusto, y contentóse con encogerse de hombros, yendo a sentarse a su sitio acostumbrado en el banco, cerca del hogar. La velada empezó pacífica.

De pronto, el forastero, saliendo de su letargo, levantó la cabeza, y como si notase por primera vez que estaba próximo a una hoguera alegre y chispeante, comenzó a decir a media voz algunas palabras sobre la hermosura del fuego y la gratitud que el hombre debe a Dios por tan gran beneficio. La Borgoñona tocó al codo a su vecina, ésta transmitió la seña y en un instante callaron las conversaciones de la cocina para oír al penitente. Éste, arrastrado por su propia elocuencia, iba elevando la voz hasta pronunciar con entusiasmo su discurso.

De la consideración del fuego pasó a los demás bienes que nos otorga la bondad divina, y que estamos obligados a repartir con el prójimo por medio de limosna. Si, obligados, pues de toda riqueza somos usufructuarios no más. ¿De qué sirve, por ejemplo, el tesoro encerrado en el arca del avaro? ¿De qué el trigo abundante en los graneros del hombre duro de corazón? ¿Creen ellos acaso que el Señor les dio tan cuantiosos bienes para que los guarden bajo llave y no alivien las necesidades del prójimo? ¡Ah! ¡El día del tremendo juicio, su oro será contrapeso horrible que los arrastre al infierno! ¡En vano tratarán entonces de soltar lo que en vida custodiaron tanto: allí, sobre sus lomos, estará el tesoro de perdición, y con ellos se hundirá en el abismo!

A medida que arengaba el penitente, los ojos del auditorio se fijaban en el cosechero, el cual, retorciéndose en el banco, no sabía qué postura tomar ni qué gesto poner. El penitente, incorporándose, hablaba ya casi a gritos, con voz vibrante y sonora. De repente, mudando de registro, encareció los placeres de la limosna, la dulzura inefable del espíritu que premia el sacrificio de bienes perecederos dados por el amor de Dios. Sus frases persuasivas fluían como miel, sus ojos estaban húmedos y revulsos. Las mujeres del auditorio, profunda y dulcemente conmovidas, soltaron la rienda al llanto, y mientras ellas acudían a los delantales para secar sus lágrimas, otras rodeaban al peregrino y se empujaban para besar el borde de su túnica. La Borgoñona, con las manos Cruzadas, parecía como en éxtasis.

El cosechero, que había dejado escapar visibles muestras de impaciencia, no pudo sufrir semejante escena, y murmurando entre dientes empujó a unos y otros fuera de la cocina, dando por concluida la velada. Cuando dejó de oírse el ruido de los gruesos zapatos de los labradores que partían, pidió lacónicamente la cena. Según costumbre del país, la Borgoñona sirvió a su padre y al forastero. Éste, callado y humilde como al principio, apenas honró el rústico banquete y rogó le permitiesen retirarse. La Borgoñona le condujo a una sala baja donde había extendida paja fresca, y enseguida, volviéndose a la cocina, intentó cenar.

Los bocados se le atravesaban en la garganta; su estómago rehusaba el alimento, y viendo a su padre sombrío y ceñudo, resolvióse a preguntar qué opinaba acerca de los discursos del peregrino y lo que había dicho respecto a la caridad.

—Paréceme, padre —añadió—, que si no nos engaña el gentil predicador, nuestro fin será irnos al infierno en derechura, pues en nuestra casa hay oro, pan y vino en abundancia y nunca damos limosna.

Al pronunciar estas palabras, sonreíase dulcemente para congraciar al viejo. Pero él, montando en cólera terrible, golpeó fuertemente la mesa con su vaso de estaño, maldijo a la hija que había traído a casa aquel mendigo desharrapado y loco, que acaso fuese un bandido disfrazado, y amenazó ir sin demora a cogerle de un brazo y echarle de la granja; con lo cual, la doncella se retiró a su cuarto trémula y confusa.

En toda la noche apenas logró pegar los ojos. Veía al viajero, oía de nuevo su persuasiva y cálida voz y notaba las variaciones de su rostro, trasfigurado por la unción y fervor de la plática. El lecho de la Borgoñona tenía ascuas y espinas; su conciencia estaba tan despierta como si hubiese cometido un crimen; durmióse un instante y vio en sueños a su padre arrastrado por negros demonios que le aporreaban con sacos llenos de monedas. Apenas un rayo de luz pálida anunció el amanecer, la Borgoñona saltó de la cama y, a medio vestir y en cabello, corrió a la estancia del peregrino.

Éste tenía la puerta abierta y rezaba de rodillas con los brazos en cruz. Hallábase tan arrebatado en la oración, que le pareció a la niña que más de un palmo se levantaba del suelo. Al ruido de los pasos de la Borgoñona, el forastero se puso en pie de un salto y mostró el rostro bañado en lágrimas, y al mismo tiempo resplandeciente de un júbilo celestial; pero cuando se fijó en la Borgoñona, al punto mudó de semblante. Fue como si le cerrasen con llave las facciones. Bajó los ojos y, cruzándose de brazos, preguntó a la niña qué deseaba. Ella, con movimiento rapidísimo, se echó a sus pies, y abrazando sus rodillas toda turbada, rompió a decirle que en aquella casa había riquezas estériles, tesoros malditos, que causarían la perdición de su dueño; que allí jamás se había dado al pobre ni un puñado de espigas, antes era su sudor el que rellenaba las arcas; que ella se encontraba arrepentida y resuelta, para asegurar su salvación y la de su padre, a irse por el mundo descalza, pidiendo limosna y haciendo penitencia, para lo cual pedía al forastero su bendición y que la llevase en su compañía y le enseñase a predicar y a seguir la regla del beato Francisco, la humanidad y pobreza absoluta.

Permanecía el misionero mudo, inmóvil. No obstante, las palabras de la Borgoñona debían de producirle extraño efecto, porque ésta sentía que las rodillas del penitente se entrechocaban temblorosas, y se veía su faz demudada y sus manos crispadas, cual si se clavase en el pecho las uñas. La doncella, creyendo persuadir mejor, tendía las palmas, escondía la cara en el sayal empapándolo en sus lágrimas ardientes. Poco a poco, el pendiente aflojó los brazos y por fin los abrió, inclinándose hacia la niña. Pero de pronto, con una sacudida violenta, se desprendió de ella y casi la echó a rodar por el suelo. La cabeza de la Borgoñona dio contra las losas del pavimento y el penitente haciendo la señal de la cruz y exclamando «¡Hermano Francisco, valme!», saltó por la ventana y se perdió de vista en un segundo. Cuando la Borgoñona se incorporó llevándose la mano a la frente lastimada, solo quedaba del misionero la señal de su cuerpo en la paja donde había dormido.

II

Todo el día se lo pasó la Borgoñona cosiendo una túnica de burel grosero, de la misma tela con que solían vestirse los villanos y jornaleros vendimiadores. Al anochecer salió a la granja y cortó un bastón de espino; bajó a la cocina y tomó de un rimero de cuerdas una muy gruesa de cáñamo, y subiendo otra vez a su habitación, empezó a desnudarse despacio, dejando sobre la cama, colocadas en orden, las diversas prendas de su traje.

En el siglo XIII, pocas personas usaban camisas de lino. Era un lujo reservado a los monarcas. La Borgoñona tenía pegado a las carnes un justillo de lienzo grueso y un faldellín de tela más burda aún. Quitóse el justillo y soltó sobre sus blancas y mórbidas espaldas la madeja de su pelo rubio que de día aprisionaba la cofia. Esgrimió la tijera, que solía llevar pendiente de la cintura, y desmochó sin piedad aquel bosque de rizos, que iban cayendo suavemente a su alrededor, como las flores en torno del arbusto sacudido por el aire. Se sentó la cabeza, y hallándola ya casi mocha igualó los mechones que aún sobresalían; luego se descalzó; aflojó la cintura del faldellín, se puso el sayal sosteniendo el faldellín con los dientes por no quedarse del todo desnuda; soltó al fin la última prenda femenina, se ciñó la cuerda con tres nudos como la traía el pendiente, y empuñó el bastón. Pero acudió una idea a su mente, y recogiendo las matas de pelo esparcidas aquí y allí, las ató con la mejor cinta que tenía y las colgó al pie de una tosca Nuestra señora, de plomo, que protegía la cabecera de su lecho. Aguardó a que la noche cerrase, y de puntillas, se lanzó a oscuras al corredor; bajó a tientas la escalera carcomida, se dirigió a la sala baja donde había hospedado al penitente, abrió la ventana y salió por ella al campo. Tal arte se dio a correr, que cuando amaneció estaba a tres leguas de la granja, camino de Dijón, cerca de unos hatos de pastores.

Rendida se metió en un establo, del cual vio salir el ganado antes, y acostándose en la cama de las ovejas, tibia aún, durmió hasta el mediodía. Al despertarse resolvió evitar a Dijón, donde algún parroquiano de su padre podría conocerla.

En efecto, desde aquel día procuró buscar las aldeas apartadas, los caseríos, solitarios, en los cuales pedía de limosna un haz de paja y un mendrugo de pan. Mientras caminaba, rezaba mentalmente, y si se detenía, arrodillábase y oraba con los brazos en cruz, como el peregrino. El recuerdo de éste no se apartaba un punto de su memoria y copiaba por instinto sus menores acciones, añadiendo otras que le sugería su natural despejo.

Guardaba siempre la mitad del pan que le ofrecían, y al día siguiente lo entregaba a otro pobre que encontrase en el camino. Si le daban dinero, iba corriendo a distribuirlo entre los necesitados, pues recordaba que, según el penitente, nunca el beato Francisco de Asís consintió tener en su poder moneda acuñada.

Al paso que seguía esta vida la Borgoñona, se desarrollaba en ella un don de elocuencia extraordinaria. Poníase a hablar de Dios, de los ángeles, del cielo, de la caridad, del amor divino, y decía cosas que ella misma se admiraba de saber y que las gentes reunidas en derredor suyo escuchaban embelesadas y enternecidas. Dondequiera que llegaba la rodeaban las mujeres, los niños se cogían a su túnica y los hombres la llevaban en triunfo.

Es de notar que todos la tenían por un jovencito muy lindo, y a nadie se le ocurrió que fuese una doncella quien tan valerosamente arrostraba la intemperie y demás peligros de andar por despoblado. Su pelo corto, su cutis oscurecido ya por el Sol, sus pies endurecidos por la descalcez le daban trazas de muchacho, y el sayal grueso ocultaba la morbidez de sus formas.

Gracias al disfraz, pudo pasar entre bandas de soldados mercenarios y aun de salteadores, sin más riesgo que el de sufrir algunos zurriagazos con las correas del tahalí, género de broma que no perdonaban los soldados. Muchos se compadecieron de aquel rapaz humilde y le dieron dinero y vino; otros se burlaron; pero nadie atentó a su libertad ni a su vida.

En la selva de Fontainebleau sucedióle a la Borgoñona la terrible aventura de abrigarse bajo un árbol de donde colgaban humanos frutos: los pies péndulos de un ahorcado la rozaron la frente. Entonces, con valor sobrehumano, abrió una fosa, sin más instrumentos que su bastón de pino y sus uñas. Descolgó el cadáver horrendo, que tenía la lengua fuera y los ojos saliéndose de las órbitas, y estaba ya picado de grajos y cuervos, y mal como supo, reuniendo sus fuerzas, lo enterró. Aquella noche vio en sueños al penitente, que la bendecía.

Pero tantas fatigas, tan larga abstinencia, tan duras mortificaciones, una vida tan áspera y desacostumbrada, abrieron brecha en la Borgoñona y su salud empezaba a flaquear, cuando llegó a una gran villa, que preguntando a los aldeanos verduleros, supo era París.

Entró, pues, en París pensando si quizá moriría allí el peregrino, si lo encontraría casualmente y podría rogarle que le proporcionase un asilo como el que Clara ofrecía a sus hijas, un convento donde acabar su penitencia y morir en paz. Con estos propósitos se internó en un laberinto de calles sucias, torcidas, estrechas, sombrías: el París de entonces.

Embargaba a la Borgoñona singular recelo. En aquella ciudad vasta y populosa, donde veía tanto mercader, tanto arquero, tantos judíos en sus tenduchos, tantos clérigos graves que pasaban a su lado sin volver la cabeza, no se atrevía a pedir hospitalidad, ni un pedazo de pan con que aplacar el hambre. Los edificios altos, las casas apiñadas, las plazuelas concurridas, todo le infundía temor.

Vagó como alma en pena las horas del día, entrando en las iglesias para rezar, apretándose la cuerda para no percibir el hambre, y a la puesta del Sol, cuando resonó el toque de cubrefuego, que acá decimos de la queda, cubriósele a ella verdaderamente el corazón, y con mucha angustia rompió a llorar bajito, echando de menos por primera vez su granja, donde el pan no faltaba nunca y donde, al oscurecer, tenía seguro su abrigado lecho. Al punto mismo en que estas ideas acudían a su atribulado espíritu, vio que se acercaba una vejezuela gibosa, de picuda nariz y ojuelos malignos, y le preguntaba afablemente: ¿Cómo tan lindo mozo a tales horas solito por la calle, y si era que por ventura no tenía posada?

—Madre —contestó la Borgoñona— si tú me la dieses, harías una gran caridad, pues cierto que no sé dónde he de dormir hoy, y a más no probé bocado hace veinticuatro horas.

Deshízose la vieja en lástimas y ofrecimientos, y echando a andar delante guió por callejuelas tristes, pobres y sospechosas, hasta llegar a una casuca, cuya puerta abrió con roñosa llave.

Estaba la casa a oscuras; pero la vieja encendió un candil y alumbró por las escaleras hasta un cuarto alto.

Ardía un buen fuego en la chimenea. La Borgoñona vio una cama suntuosa, sitiales ricos y una mesa preparada con sus relucientes platos de estaño, sus jarras de plata para el agua y el vino, su dorado pan, sus bollos de especias y un pastel de aves y caza que ya tenía medio alzada la cubierta tostadita.

Todo olía a lujo, a refinamiento, y aunque el caso era sorprendente, atendido el pergeño de la vieja y la pobreza del edificio, como la Borgoñona sentía tanta hambre y de tal modo se le hacía agua la boca ante el espectáculo de los manjares, no se entretuvo en manifestar extrañeza.

Iba buenamente a sentarse y a trinchar el pastel, pero la vieja lo impidió. Convenía aguardar al dueño de la habitación, un hidalgo estudiante muy galán, que ya no tardaría, y era de tan afable condición, que a buen seguro que no pondría el menor reparo en partir su cena con el forastero.

En efecto, bien pronto, se oyeron resueltos pasos, y entró en la estancia un caballero, mozo, envuelto en oscura capa y con pluma de garza en el airoso birrete.

Al verle, quedóse estupefacta la Borgoñona, y no era para menos, pues aquel gallardo caballero tenía la mismísima cara y talle del penitente. Conoció sus grandes ojos negros, sus nobles facciones. Solo la expresión era distinta. En ésta dominaba un júbilo tumultuoso, una especie de energía sensual. Quitóse el birrete, descubriendo rizados y largos cabellos; soltó la capa, y contestó con una carcajada a las disculpas de la vieja, que explicaba cómo aquel pobrecito penitente partiría con él, por una noche, la cena y el cuarto. Sentóse a la mesa muy risueño, y declaró que, aunque el camarada no parecía muchacho de buen humor, él haría por que la cena fuese divertida. Dijo esto con la propia voz sonora del penitente, tan conocida de la Borgoñona.

Retiróse la vieja y la Borgoñona tomó asiento confusa y atónita, mirando a su comensal y sin dar crédito al testimonio de los sentidos. Mientras mataba el hambre con el apetitoso pastel, sus ojos no se apartaban del mancebo, que comía y bebía por cuatro y, con mil chanzas, llenaba el vaso y el plato de la Borgoñona, que proseguía comparando al misionero con el estudiante.

Sí, eran los mismos ojos, solo que antes no brillaba en ellos un fuego vivido y generoso, ni cabía ver el negro de las pupilas, porque estaban siempre bajos. Sí, era la misma boca, pero marchita, contraída por la penitencia, sin estos labios rojos y frescos, sin estos dientes blancos que descubría la sonrisa, sin este bigote fino que acentuaba la expresión provocativa y caballeresca del rostro. Sí, era la misma frente blanca y serena, pero sin los oscuros mechones de pelo que en torno jugueteaban. Era el mismo aire, pero con otras posturas menos gallardas y libres.

Y así, poco a poco, tratando de cerciorarse de si el penitente y el hidalgo componían un solo individuo, la doncella iba deteniéndose con sobrada complacencia en detallar las gracias y buenas partes del mancebo, y ya le parecía que si era el penitente, había ganado mucho en gentileza y donosura.

El caballero, festivamente, escanciaba vino y más vino, y la Borgoñona, distraída, lo bebía. El vino era color de topacio, fragante, aromatizado con especias, suave al paladar, pero después se sentía correr por las venas como líquida llama.

A cada trago de licor, la Borgoñona juzgaba a su compañero de mesa más discreto y bizarro. Cuando la mano de éste, al ofrecerle el vaso, por casualidad, rozaba la suya, un delicioso temblor, un escalofrío dulcísimo, le subía desde las yemas de los dedos hasta la nuca, difundiéndose por el cerebro y el corazón. Su razón vacilaba, la habitación daba vueltas, la luz de cada uno de los cirios que alumbraban el festín se convertía en miles de luces. Y he aquí que el caballero, después de beber el último trago, se levantó, y juró que a fe de hidalgo estudiante, era hora de acostarse y digerir, con un sueño reparador, la cena.

Semejantes palabras despejaron un poco las embotadas potencias de la Borgoñona. Acordóse de que en la habitación no había más que un solo lecho, y alzándose de la mesa alegó humildemente, en voz baja, que sus votos obligaban a tener por cama el suelo, y que así dormiría, no siendo razón que se molestase el señor hidalgo. Pero éste con generoso empeño, protestó que no lo sufriría, y tendiendo en el suelo su capa, afirmó que dormiría sobre ella si el mozo penitente no le otorgaba un rincón del lecho, donde ambos cabían muy holgados.

La doncella se negó con espanto a admitir la proposición, y el estudiante con vigor juvenil, cogióla en brazos y la depositó sobre la cama. Ella, sintiendo otra vez desmayar su voluntad, cerró los ojos, y con singular contentamiento se dejó llevar así, apoyando la cabeza en el hombro del caballero y percibiendo el roce de sus negros y perfumados bucles.

Abrió el estudiante la cama, metió dentro a la Borgoñona, arregló la sobrecama bordada de seda y, con la misma dulzura con que se habla a los niños, preguntó si no le sería lícito al menos tenderse a los pies, que siempre estarían más blandos que el santo suelo. No encontró la Borgoñona objeción fundada que oponer, y el hidalgo se envolvió en su capa y se tumbó, poniendo por cabezal un almohadón, y al poco tiempo se le oyó respirar tranquilamente, como si durmiese.

La Borgoñona, en cambio, se revolvía inquieta. En vano quería recordar las oraciones acostumbradas a aquella hora. No podía levantar el espíritu; su corazón se derretía, se abrasaba; el penitente y el estudiante formaban para ella una sola persona, pero adorable, perfecto, por quien se dejaría hacer pedazos sin exhalar un ¡ay! La blandura del lecho incitando a su cuerpo a la molicie, reforzaba las sugestiones de su imaginación; en el silencio nocturno, le ocurrían las resoluciones más extremosas y delirantes: llamar al hidalgo, declararle que era una doncella perdida de amores por él, que la tomase por mujer o esclava, pues quería vivir y morir a su lado.

Pero ¿y aquellas matas de pelo colgadas al pie de la efigie de Nuestra señora, acaso no eran prenda de un voto solemne? Con estas zozobras, las frentes se le abrían, las venas saltaban, zumbaban los oídos y la respiración sosegada del estudiante se la figuraba a la joven honda como el ruido de gigantesca fragua. ¡Oh tentación, tentación!

Sentóse en el lecho, y a la luz del fuego, que aún ardía, miró al estudiante dormido, pareciéndole que en su vida había contemplado cosa mejor, más sabrosa. Y así, embebida en el gusto de mirar, fuese acercando hasta casi beberle el aliento.

De pronto el durmiente se incorporó bien despierto, abriendo los brazos y sonriendo con sonrisa extraña. La doncella dio un gran grito, y acordándose del penitente, exclamó:

—¡Hermano Francisco, valme!

Al mismo tiempo saltó del lecho y huyó de la habitación como loca.

Cuatro a cuatro bajó las escaleras; halló la puerta franca y encontróse en la calle; siguió corriendo, y no paró hasta una gran plaza, donde se elevaba un edificio de pobre y humilde arquitectura; allí se detuvo sin saber lo que le pasaba.

Trató de coordinar sus pensamientos; los sucesos de la noche le parecían soñados, y lo que la confirmaba en esta idea era que no podía, por más que se golpease la frente, recordar la linda figura del estudiante. La última impresión que de ella guardaba era la de un rostro descompuesto por la ira, unas facciones contraídas por furor infernal, unos ojos inyectados, una espumante boca. Del edificio humilde salieron cuatro hombres vestidos de túnicas grises amarradas con cuerdas y llevando en hombros un ataúd. La Borgoñona se acercó a ellos, y ellos la miraron sorprendidos, porque vestía su mismo traje. Impulsada por indefinible curiosidad, la doncella se inclinó hacia el ataúd abierto y vio, acostado sobre la ceniza, sin que pudiese caber duda alguna respecto a su entidad, el cadáver del penitente.
—¿Cuándo murió ese santo? —preguntó, trémula y horrorizada.
—Ayer tarde, al sonar el cubrefuego.
—Y ese edificio donde vivía, ¿qué es?
—Allí habitamos los pobres de la regla de San Francisco de Asís, los Menores, tus hermanos —contestaron gravemente, y se alejaron con su fúnebre carga.
La Borgoñona llamó a la portería del convento.
Nadie adivinó jamás el sexo del novicio, hasta que su muerte, después de una larga y terrible penitencia, hubo de revelarlo a los encargados de vestirle la mortaja. Hicieron la señal de la cruz, cubrieron el cuerpo con un paño tupido y lo llevaron a enterrar al cementerio de las Minoritas o Clarisas, que ya existían en París.
La dama joven, 1895.

La sed de Cristo
Cuando desde la altura de su patíbulo, abriendo las desecadas fauces, exhaló Cristo la más angustiosa de las Siete Palabras, María Magdalena, que estaba como idiota de dolor, estrechamente abrazaba al tronco de la cruz, se estremeció y, recobrando energía y actividad, a impulsos de una compasión que la penetraba toda, se lanzó en busca de agua que aplacase la sed del moribundo Maestro.
No muy lejos del Calvario, sabía Magdalena que manaba, entre peñascos, purísimo y cristalino manantial. Pidió prestada una taza de arcilla a un hombre del pueblo de Jerusalén, de los que en tropel rodeaban la cruz, y se encaminó hacia la escondida fuente. Poco tardó en encontrarla, sintiendo profundo regocijo al pensar que aquella linfa fresquísima calmaría, siquiera momentáneamente, los sufrimientos del mártir. Surtía el chorro, más claro que cristal, de una grieta tapizada de musgo y finos helechos, y el rumor de su corriente lisonjeaba el oído y el corazón. Al recoger en el cuenco de barro el agua, Magdalena notó que estaba fría, helada, casi, y de nuevo se alegró, pensando lo refrigerante que sería para Jesús el sorbo. Con su taza rebosante corrió al lugar del suplicio, y a fuerza de ruegos logró que le permitiesen los sayones amontonar unas piedras y encaramarse hasta acercar el agua a los labios cárdenos del crucificado. Y cuando esperaba verle paladear el agua consoladora, he aquí que Jesús la rechaza, moviendo la cabeza y repitiendo en un soplo imperceptible: «Sed tengo».
Con la penetración del amor —porque en verdad os digo que no hay nada que ilumine el entendimiento de la mujer como amar mucho y de veras—, Magdalena adivinó que Cristo deseaba otra bebida más exquisita y rara que el agua natural, y era necesario traérsela a cualquier precio. Mientras se precipitaba hacia Jerusalén, iba recordando que el despensero y mayordomo del tetrarca Herodes la había obsequiado antaño con un falerno añejísimo, ardiente como fuego y dulce como miel, del cual una sola gota es capaz de reanimar un yerto cadáver. Suplicante y presurosa rogó la arrepentida a su antiguo galán, y como accediese a sus ruegos, volvió al Calvario radiante, escondiendo bajo su manto el ánfora de inestimable valor, y apoyó el pico en la boca de Jesús. Un movimiento más acentuado de repugnancia y un débil gemido donde casi expiraba inarticulado el lastimoso «Sed tengo», revelaron

a la Magdalena que tampoco esta vez poseía el medio de calmar las torturas de la santa víctima.

En su desconsuelo y en su enojo contra sí misma por no haber acertado, reverdeció más y más en la Magdalena la memoria de su escandalosa juventud. Bien presente tenía que un patricio romano, epicúreo fastuoso, lector de Horacio y algo poeta, que por la hermosa hierosolimitana hizo mil locuras, solía hablar de los banquetes del Olimpo pagano y de la misteriosa virtud e incomparable esencia del néctar de los dioses, que infunde la felicidad e inyecta vida a oleadas en las venas exhaustas y en el cuerpo expirante. Y como si algún maléfico poder oculto —tal vez el de Satanás, empeñado hasta la última hora en tentar al Redentor para probar su divinidad— fuese cómplice del insensato anhelo de la pecadora, he aquí que se sintió arrollada y transportada con velocidad increíble en alas del viento, que la depositó suavemente sobre la cumbre de una montaña deliciosa, poblada de olivos, laureles, naranjos cuajados de azahar, que alternaban con boscajes de mirtos y rosales en flor, de embriagador perfume. Bajando airosamente la escalinata de un elegante templete de mármol blanco, salió al encuentro de Magdalena hermoso mancebo sonriente, de rizos color de jacinto y brillantes pupilas, y le presentó una crátera de oro maravillosamente cincelada, donde chispeaba un licor transparente, rosado, de fragancia embriagadora, que trastornaba los sentidos. Llena de gozo, Magdalena estrechó contra su pecho la sagrada ambrosía y solo pensó ya en ofrecérsela a Jesús, porque era imposible que aquel licor glorioso, escanciado por Ganímedes, no arrebatase el alma del mártir, haciéndole olvidar sus dolores. Solo con llevar la copa de ambrosía en las manos sentíase Magdalena presa de dulce fiebre y deliquio, y la Naturaleza le parecía más bella, el Sol más claro y el aire más ligero, elástico y luminoso. ¡Desengaño cruel! Así que pudo acercar una copa colmada de ambrosía a los labios de Jesús, cuyos tendones estallaban y cuyo rostro descomponía un padecer horrible, el moribundo hizo un gesto de violenta repulsión, y licor y copa rodaron al suelo, derramándose sobre la seca tierra la bebida de los dioses paganos.

Entonces Magdalena, víctima de la tentación, sintió redoblar su amargura. Los resabios de los años de iniquidad resurgieron, porque el pecado deja sedimentos en el alma y sube a la superficie apenas lo remueve la pasión, y aunque la doctrina de Cristo había inflamado el espíritu de aquella mujer, faltaba todavía que la penitencia la purificase y destruyese la vieja levadura. Sucedió, pues, que Magdalena, ofuscada por el dolor de ver que no sabía estancar la sed de Cristo, se imaginó que el Cordero torturado, si rechazaba el falerno que halaga el paladar y la ambrosía que transporta la imaginación tal vez aceptaría el vino de la venganza y de la ira; tal vez se aplacasen sus sufrimientos al gustar la sangre del enemigo que le clavó en la afrentosa cruz. Y con este pensamiento, Magdalena se acercó a uno de los sayones, el mismo que había fijado sobre la cabeza de Cristo la escarnecedora placa del Inri, y, engañándole, le llevó lejos del Calvario, a un lugar desierto, y aprovechando su descuido le hirió en el cuello con su propia espada, empapó la caliente sangre en una esponja y volvió segura de que Jesús bebería. Y esta vez, al contrario, fue cuando Cristo, con sobrehumano impulso, se irguió sobre los traspasados pies, y exclamó con fúnebre entonación: «Sed tengo.»

María Magdalena cayó al pie de la cruz, desplomada, retorciéndose las manos y arrancándose a mechones las rubias y sueltas guedejas. Su impotencia para aliviar la sed de Cristo la enloquecía, y principió a acusarse interiormente de su impura existencia, sintiendo sobre la frente humillada el rubor y la pena de tanta disipación, del seco erial de su conciencia, donde no tuvo asilo la piedad. Muchas noches, mientras ella derrochaba oro en su opulenta mesa y se reclinaba sobre tapices tirios y pérsicas alfombras, los pobres, a su puerta, esperaban como perros las migajas del festín, y las mujeres de bien, velándose el rostro, apresuraban el paso para no oír las risotadas y las canciones impúdicas. Por eso, sin duda, no podía disfrutar ahora el consuelo de aplacar la sed de Cristo, sed que neciamente creyó satisfacer con el vino de la gula, la ambrosía del placer o la sangre de la venganza. Y al recapacitar, ablandábase poco a poco el corazón de la pecadora, y subiendo a sus ojos el agua del arrepentimiento y de la humildad fluía de sus lagrimales, resbalando lentamente por sus mejillas. Era tanto lo que lloraba Magdalena, que parecía liquidarse su espíritu, y las lágrimas empapaban la ropa y los hermosos extendidos cabellos. Y como levantase los ojos hacia el rostro de Jesús, vio en él una súplica, un ansia tan viva y tan amorosa que, inspirada, juntó las manos y recogió en el hueco de ellas aquel sincero llanto de contrición, y alzándose hasta Jesús, lo llegó a su boca. Por primera vez, en lugar del acongojado «Sed tengo», Jesús respondió a la Magdalena abriendo los labios y bebiendo ávidamente, al par que transfiguraba su rostro una expresión de inefable dicha.

La tradición que acabo de referir no tiene ningún valor ante las enseñanzas de la Iglesia, ni la menor autenticidad, ni creo que deba considerarse más que como un sueño, invención o leyenda poética, encontrada en los papeles de un rabino que se convirtió al cristianismo. Magdalena no es aquí la santa; es únicamente figura o símbolo del pecador, que aún no conoce el camino verdadero, que aún lucha con los resabios del pecado.

Y como los fariseos pretendieron torcer el sentido de ese apólogo, declaro que solo significa lo siguiente: el arrepentimiento, la humildad, la contrición, es lo más grato a Jesús, doctrina clarísima del Evangelio.

El Imparcial, 12 abril 1895.

Las tijeras
—El matrimonio —decía el padre Baltar, terciando sin asomos de intransigencia en una discusión asaz profana—, el matrimonio se parece a las tijeras.
—¿A las tijeras, padre?... —exclamó uno de los presentes manifestando extrañeza—. ¿Sabe usted que es una comparación original?
—Más que original, adecuada —declaró el padre, rehusando con una seña la segunda copa de kummel de Riga—. Las tijeras, como ustedes saben, son unos instrumentos que constan de dos partes iguales o muy parecidas unidas por un eje y un clavito del mismo metal. Aunque cada parte de las tijeras sea fina y bien templada, si falta el eje... las tijeras no sirven. Unidas por ese clavito, pueden hacer primores y cortar divinamente la tela de la vida.
—Entendido —dijo otro de los que escuchaban al padre (hombre experto, algo marrullero y escamón)—. Solo falta que usted nos diga si cree que abundan las tijeras excelentes.
—Lo excelente no suele abundar nunca..., o al menos somos tan descontentadizos, que siempre nos parece poco —respondió sonriendo aquel hombre evangélico y al par (hermosa conjunción) bien educado—. Aunque el intríngulis del matrimonio consiste en el eje..., también la calidad de las mitades importa mucho... Entren ustedes en una tienda y pidan tijeras. Les sacarán dos docenas, todas, al parecer, iguales, todas del mismo coste. Solo llevándose las dos docenas a su casa, y usándolas, podrían hacer verdadera elección: al uso se descubre la condición de la tijera. Las costureras están tan persuadidas de esto, que tijera que les «sale buena» no la darían por una onza. ¡Yo he encontrado tijeras de oro! ¿Qué tiene de particular? ¡El amor natural, acendrado por la ley divina!... Voy a referirles a ustedes un caso que presencié y que conmovió..., aunque no pasa de ser un drama vulgar, y sus héroes, gente llana y prosaica...
Hallándome en el convento de S••• para restablecerme de unas calenturas que cogí en Tánger, y que se agarraban como lapas, tuve ocasión de conocer, entre otras muchas familias, a un matrimonio, tenderos de paños, franelas y cotonías, establecidos en los soportales de la plaza Antigua, no lejos de la catedral. No se confesaban conmigo, sino con el cura de su parroquia, pero gustaban de consultarme, amistosamente. Ella se llamaba doña Consuelo y el esposo don Andrés. Acomodados y bien avenidos, podrían ser dichosos si no

tuviesen un hijo de la misma piel de Barrabás, que les daba un disgusto cada mañana y un sonrojo cada tarde. Pendenciero, estragado y derrochador, ni las lágrimas de su madre, ni las reprimendas de su padre, ni las exhortaciones que, a ruego de ambos, le dirigí varias veces, consiguieron que renunciase a una sola de sus malas mañas; y en vista de que parecía incorregible el mozo, mi consejo fue que le enviasen a una tierra donde la necesidad y la falta de arrimo le obligasen a mirar por sí.

Cuadró bien la idea al padre, y la misma madre vio que era el único recurso; y habiendo elegido el desterrado Manila, a Manila se le despachó con muy apremiantes cartas de recomendación para el rector de un convento de nuestra Orden.

A los seis meses empecé a recibir gratas noticias de la conducta de mi recomendado: alababan su laboriosidad, su listeza; iba enmendándose. Los viejos, al saberlo, no cabían en su pellejo de gozo. Era el rector el que me transmitía tan buenas nuevas, pues el muchacho no acostumbraba escribir.

Así pasó algún tiempo, hasta que un día la carta del rector, en vez de felicidades, trajo una nueva terrible: el hijo de don Andrés había sido muerto a cuchilladas, en riña, al salir de una gallera. Yo quedaba encargado de ponerlo en conocimiento de los padres.

Triste era la comisión, pero de tristezas andamos rodeados siempre, y juzgando que el padre tendría más fortaleza en el primer momento que la madre, llamé a mi celda a don Andrés y trasteándole lo mejor que supe, le hice beber el trago. No estuvo reacio en comprender: más bien parece que adivinaba. Apenas indiqué «heridas», tradujo «muerte». No lloró, pero la expresión de su cara era como la del reo cuando, al abrirse la puerta de la prisión, se encuentra al pie de la escalera del patíbulo (y me sirvo de esta comparación porque he auxiliado a algunos infelices en tan amargo trance).

Así que don Andrés pudo respirar, cruzó las manos: «Padre, tengo que pedirle a usted un gran favor. Entre los dos, vamos a que no sepa Consuelo lo sucedido. Mi mujer era hace pocos años rolliza y muy fuerte; el tósigo del hijo la ha matado: pronto cumplirá los sesenta y padece una enfermedad grave, una especie de consunción. Si sabe la desgracia, "se va detrás" enseguida. Si logramos ocultarle que han matado al niño... (le llamaban así, aunque pasaba de los veintisiete), puede que dure algo más. Yo corro con todos los gastos

29

que allá se hayan ocasionado... entierro, Justicia... Perdono de corazón a los asesinos... pero que Consuelo no se entere.»

¿Hice bien o mal en acceder? No lo sé; el alma me pedía complacer a aquel desventurado. Cada quince o veinte días fui a la tienda, con cartas forjadas, que suponía haber recibido de Manila, en que se hablaba del ausente y se alababan sus progresos en el trabajo, la formalidad y la virtud.

Doña Consuelo, en quien el mal avanzaba a ojos vistas, y que ya tenía una tos incesante y una fatiga cruel se reanimaba con la lectura; la celebraba con extremos pueriles y exigía que don Andrés compartiese su regocijo.

—¿Ves, Andrés, cuántos favores nos hace San Antonio? —exclamaba con los ojos vidriados por un llanto que yo atribuía al exceso del contento—. ¿Ves qué fortuna? Ya es bueno el niño; ya se porta honradamente. Así que pase allí algunos años... volverá aquí y le pondremos al frente de nuestro negocio. Padre Baltar, voy a darle un poco de dinero para que allá se lo entreguen; bien sabemos lo que es la juventud... y yo no quiero que le falte nada al hijo mío.

Y su marido, ahogándose, poniéndole la cara de color violeta, contestaba:

—Bueno, mujer; tráele al padre aquellos treinta duros... pero para eso no es menester afectarse. ¡Qué tonta!

Era una cosa de compadecer: los duros que me entregaba la madre para que los disfrutase el hijo, me ordenaba el padre secretamente invertirlos en sufragios por su alma...

Yo no me apartaba de mi papel un punto, pues veía a doña Consuelo empeorar; cada día hubiese sido más peligrosa la puñalada de la noticia. Don Andrés, o temeroso de una indiscreción mía o por deseo de no apartarse de la enferma, siempre estaba presente cuando yo iba a acompañarlos un rato. Los encontraba juntos como pájaros posados sobre la misma rama y que se aprietan para no sentir tanto el frío; ella tosiendo y afirmando que «no era nada»; él, amoratado, semiasfixiado, asmático, pero sacando fuerzas de flaqueza para bromear con su mujer y hasta para echarle flores, lo cual en otras circunstancias me parecería cómico y risible, y en aquéllas me enternecía.

Y adelante con la farsa de las cartas, que producían tal efecto en la pobre madre, que hasta creí notar que me hacía señas cuando su marido no nos miraba; señas de aprobación, de súplica, de agradecimiento. Yo las interpretaba así: «Aunque el muchacho haga alguna tontería, siga usted diciendo a

Andrés que se conduce como un ángel.» Esto no pasaba de suposición mía, pues repito que jamás encontré sola a doña Consuelo.

Una tarde me llamaron a deshora. Don Andrés venía a decirme que su mujer se moría o poco menos, que tenía el capricho de confesarse conmigo precisamente y que era indispensable inventar una carta con nuevas de que llegaba «el niño»... «A ver si así la sacamos adelante por unos días», añadió, tan tembloroso que no supe rehusarle el último favor. Apenas entré en el cuarto de doña Consuelo, ésta miró a su marido, y don Andrés salió, no sin hacerme un expresivo gesto, advirtiendo e implorando.

Me acerqué al lecho de la enferma, que movía los labios apresuradamente como si rezase; me senté a su cabecera y le dirigí esas frases afectuosas que son cucharaditas de bálsamo y que ya por costumbre decimos a los moribundos; pero fue grande mi sorpresa al ver que, volviendo hacia mí un rostro en que brillaba el agradecimiento, y cogiéndome la mano para besarla, me dijo:

—Padre Baltar, ¡qué Dios le pague tanto, tanto tiempo como hace que está engañando a mi marido! ¡Prométame que no le desengañará después de que me muera!

—¿Qué es eso? ¿Engañar?... —pregunté, creyendo que desvariaba con la debilidad y la calentura.

—Si no fuera por usted —prosiguió sin atenderme—, Andrés estaría también agonizando, porque sabría lo «del niño»... ¡Que no lo sepa nunca!

—¿Lo del chico? —exclamé, recordando mi compromiso con don Andrés—. ¡Si el chico está perfectamente, y va a llegar, y abrazará a usted pronto!

—Sí que le abrazaré... en el otro mundo... Conmigo no se moleste, que lo supe al momento, y hasta me lo daba el corazón. ¿Usted cree que no tenía allá persona encargada de escribirme cuanto le pasase a mi hijo? Las cartas venían a nombre de una amiga, y así Andrés no podía enterarse si le sucedía algo malo... Y como yo le había escrito al padre rector pidiéndole que solo le dijesen a mi marido las cosas buenas y alegres... cuando usted venía con las cartas fingidas de que el niño vivía y trabajaba... le ayudaba a usted a engañar al pobre Andrés... que no está nada bueno... y que no le convienen las desazones... Me ha costado trabajo disimular, padre... porque en tantos años de matrimonio no le he callado otra cosa...

Aquí cortó su narración el padre, y mirando alrededor, vio nuestras caras animadas por la simpatía más vehemente.

—¡De manera que los dos lo sabían, y mutuamente se lo ocultaban! ¡Qué drama interior! —exclamó el que primero había hablado.

—De esas tijeras, padre —dijo el escéptico—, bien puede usted afirmar que eran de oro puro, con incrustaciones de brillantes.

—Puedo afirmar que las he visto abiertas en figura de cruz —contestó el padre intencionadamente.

El palacio de Artasar

Después de Salomón, el rey más poderoso y opulento de la tierra fue, sin duda, Artasar, descendiente directo de uno de aquellos tres Magos que vinieron a postrarse en el establo y gruta de Belén, guiados por la luz de una estrella misteriosa, nueva, diferente de las demás, estrella que abría en el azul del firmamento surco diamantino.

Artasar conservaba entre otras muy gloriosas de su estirpe la tradición de la jornada de su antecesor a adorar al Mesías, Redentor del mundo; pero ya el bendecido recuerdo iba perdiéndose, y en el cielo turquí cada día se borraba más el rastro de la estrellita, así como su claridad celeste palidecía en el corazón del descendiente de los Magos (que fueron doctos por su arte de adivinar, y santos porque les infundió gracia el haber apoyado los labios sobre los tiernos piececillos del recién nacido Jesús). ¿Qué mucho que Artasar olvidase las enseñanzas transmitidas por los Magos, si Salomón, hijo de David, autor de libros sagrados, favorecido por el Señor con el don de la sabiduría, prevaricó de tan lastimosa manera, llegando a incensar a los ídolos? Mientras el hombre vive en la tierra, sujeto está a la tentación.

Artasar se parecía al hijo de David en la magnificencia, en el ansia de rodearse de lo más precioso, delicado y raro venido de los confines del orbe. Cada día, galeras cargadas de riquezas abordaban a los puertos del reino de Artasar trayendo al monarca presas y joyas. Alfombras blandas como el vellón de la oveja; tapices de seda, cuyos bordados representaban batallas y lances de amor; imágenes de mármol, de egregia desnudez; pebeteros de oro que embalsamaban el ambiente; jarrones y vasos de plata y ágata; pieles de tigre y plumas de avestruz se amontonaban en la regia mansión estrecha ya para contener tantos tesoros.

Mas ¿quién podrá llenar el abismo de un corazón? Artasar el magnífico vivía inquieto y triste. Ansiaba construir otro palacio, por ser ya el suyo mezquino y estrecho para la innumerable muchedumbre de guardias, cortesanos, esclavos, concubinas, tañedores, juglares, bufones, palafreneros y cocineros que en él se albergaban. Y empezó a soñar con un palacio nunca visto, que eclipsase al que Salomón edificó en trece años, sobre columnas de bronce y con el inmenso mar de bronce, cuyo borde imitaba pétalos de azucena.

El palacio debía ser tal, que inmortalizase el nombre y el recuerdo de Artasar por todos los venideros siglos, y que la fantasía no pudiese concebir nada tan espléndido ni tan deleitoso. A este fin, Artasar —acordándose de aquel Hiram que trazó el de Salomón —convocó a los más famosos arquitectos de su reino y de los vecinos, y, ofreciéndoles grandes recompensas, ordenó que dibujasen los planos de una residencia cual él la quería: amplia, suntuosa, cincelada como una diadema real. Los arquitectos fueron presentando sus planos, pero en los ojos de Artasar no encontraron gracia. Ninguno de ellos realizaba la quimera de su imaginación; ninguno correspondía al ideal que se había formado de un palacio nunca visto, sin igual en el mundo.

Cuando ya Artasar desesperaba de conseguir que le adivinasen el loco deseo y acomodasen a él la realidad, he aquí que le pide audiencia un hombre anciano demacrado, de luenga barba, de humilde aspecto, que traía bajo el brazo un bulto, afirmando que aquél era el proyecto de palacio que el rey aprobaría. No abonaban mucho las trazas al desconocido arquitecto, pero el desahuciado cualquier remedio ensaya, y Artasar permitió al anciano que entrase. Apenas el monarca hubo fijado los ojos en el plano en relieve y en los dibujos, batió palmas.

Aquello era su sueño, interpretado por un mágico que leía en su mente. Aquellas soberbias columnatas, aquellos balcones de majestuosos balaustres, aquellas galerías revestidas de mármoles y piedras preciosas, aquellos techos de cedro y oloroso pino, aquellas estancias cuyo bruñido pavimento tenía reflejos de agua, aquellos bosques, aquellas fuentes monumentales, aquellos miradores calados por mano de las hadas, aquellos pensiles colgados en el aire, aquellas torres que desafiaban las nubes... aquello era ideal, lo que ningún rey del mundo poseía; y Artasar, al verlo, tendió la regia mano cubierta de anillos, larga y fina y morena como el fruto de la palmera, y exclamó:

—Constrúyase el palacio como tú lo has proyectado, ¡oh varón sapientísimo! Yo te daré cuanto pidas, cuanto necesites. Para ti se abrirá mi tesoro secreto, y en los subterráneos de mi morada encontrarás oro, perlas, bezoares, diamantes y rubíes en cantidad suficiente para edificar no un palacio, una ciudad entera, con su casería, sus templos y su recinto fortificado. Y dime: ¿dónde te ocultabas y por qué es tan miserable tu aspecto, siendo tú un sabio tan grande?

—No soy sabio —respondió el viejo—. He vivido en el retiro, orando y haciendo penitencia.

—Desde hoy te conocerá el universo por el monumento que vas a erigir —declaró Artasar, que, en efecto, mandó poner a disposición del viejo sus riquezas y una inmensa extensión de territorio fértil, donde había selvas profundas y caudalosos ríos, llanuras risueñas y lagos apacibles.

Al cabo de un año, plazo fijado por el arquitecto para terminar el palacio, Artasar quiso ver las obras, y se trasladó al lugar donde creía que ya se elevaba su nueva vivienda.

Grande fue su sorpresa, fuerte su cólera, al no advertir por ninguna parte señales de jardines ni de palacio. Notó, eso sí, que aquel territorio, antes desierto, estaba pobladísimo, pues salían a aclamarle tribus enteras, niños y mujeres que aguardaban el paso del rey y le bendecían; pero ni aun logró divisar piedras y materiales esparcidos por el suelo, que anunciasen trabajos de edificación. Entonces Artasar, indignado, mandó que trajesen al arquitecto a su presencia, con propósito de hacerle desollar y colgar su piel, sangrienta aún, a las puertas de la ciudad, para escarmiento de prevaricadores. El viejo se presentó, tan humilde, tan demacrado, tan modesto como el primer día; y cuando el rey le increpó, dio esta respuesta extraña:

—El palacio que deseabas está construido, ¡oh rey!, y si quieres venir conmigo, tú solo, voy a mostrártelo enseguida.

Siguió Artasar lleno de curiosidad al anciano, y juntos se internaron en lo más selvoso y retirado de la floresta. Pronto salieron de la espesura a las orillas de un inmenso lago natural, y allí el viejo se detuvo. El Sol se ponía; el firmamento aparecía rojo, abrasado, esplendente. Y el arquitecto, tomando de la mano a Artasar, le dijo con grave voz:

—Los tesoros que me has confiado, ¡oh rey!, los he repartido entre los miserables, entre los que sufrían hambre y sed, entre los que oían llorar al niño recién nacido porque el seno de la angustiada madre no daba leche. Mas no por eso he dejado de alzarte el palacio que deseabas, y tan soberbio te lo alcé, tan admirable, que ningún monarca de la tierra podrá jactarse de poseer uno así. Mira... ¿no lo ves? Allí lo tienes. ¡En el cielo se levanta ahora tu palacio!

Y Artasar miró, y vio efectivamente de entre las nubes de grana surgir un maravilloso edificio. Sobre columnas de plata, bronce y alabastro se erguían las bóvedas de dorado cedro, esculpidas con artificio tan hábil, que parecían un piélago de olas de oro. Cúpulas de esmalte azul coronaban el alcázar, y largas galerías de diáfano cristal, con cornisas de pedrería y mosaico, se prolongaban hasta lo infinito, entre el misterio de una vegetación fantástica, de hojas de esmeralda y de flores de vivo rubí y de oriental zafiro, cuyos cálices exhalaban una fragancia que embriagaba y calmaba los sentidos a la vez.

Y Artasar, transportado, se arrodilló a los pies del arquitecto y los besó, con el alma inundada de gozo.

Cuando regresaban de la selva, Artasar notó con sorpresa que el rastro casi extinguido de la estrella de los Magos fulguraba aquella noche como un collar de brillantes.

El Imparcial, 6 julio 1896.

El niño de San Antonio

Entre varias personas de entendimiento que no tenían ni el mal gusto y la mala ventura de ser impíos, ni la fanfarronería de ser intolerantes, suscitóse la atractiva e inagotable cuestión de lo sobrenatural, viniendo a discutirse el milagro, por qué era tan frecuente antaño y hoy escasea de tal modo. Hubo quien se limitó a decir «escasez»; pero no faltó quien resueltamente pronunciase la palabra «desaparición».

Los que defendían la persistencia del milagro protestaron en nombre de las maravillas que se realizan en Lourdes los días de procesión solemne: los paralíticos curados instantáneamente al sumergirse en aquellas aguas, estremecidas, como las de la piscina probática, por el aleteo del ángel que desciende a infundirles virtud; en nombre de las llagas de Luisa Lateau —adornada por la virtud del Cielo con cinco sangrientas señales—. A esto respondieron los escépticos que las llagas de Luisa Lateau eran un fenómeno patológico ya explicado por la ciencia, y que las curaciones de Lourdes se originaban de una impresión puramente subjetiva, un sacudimiento moral que repercute en el organismo, caso comparable a los felices resultados que obtienen algunos médicos empleando el hipnotismo para combatir males que no hallan remedio en la botica. Entonces, uno de los presentes, Tristán de Cárdenas, que había guardado silencio durante la discusión, tomó la palabra, y todo el mundo calló para oírle, pues su voz era armoniosa y vibrante, y su palabra, nunca vulgar, chispeaba a veces elocuencia fogosa.

—Si ustedes creen en Dios —dijo con su habitual energía—, no comprendo cómo le regatean la omnipotencia. No niego que hay ocasiones en que esta omnipotencia se manifiesta de un modo más evidente en el orden sensible, en lo físico; pero en el orden metafísico no concibo manifestación más clara de la que diariamente, con la razón, no cesamos de percibir. ¿Suponen ustedes que no hay «milagros»? Lo que no hay es «naturaleza». Si aquí cupiese una disertación filosófica, me comprometo a probar esta que parece paradoja, siendo una verdad de Perogrullo. El milagro es inmanente. El universo es un milagro espantoso de puro grande y de puro incomprensible. No lo vemos porque formamos parte de él. Jesús dijo a una santa que suspiraba por hallarle: «Difícil es que me encuentres si no me buscas en ti misma, en tu propio corazón.»

—Bien —arguyeron interrumpiéndole—: todo eso será muy cierto, pero nos quedamos lo mismo que estábamos en cuanto a explicar por qué antes abundaban los milagros en el orden sensible y ahora no se ve uno para un remedio. —Verán ustedes cómo lo explico —dijo Tristán—. Estoy conforme: en otro tiempo, Dios se manifestaba en todo su esplendor a las multitudes. Cuando separaba las aguas del mar Rojo al paso del pueblo hebreo y las juntaba contra Faraón; cuando echaba un clavo a la rueda del carro solar y sacaba aguas vivas de la peña; cuando convertía en rosas los panes y en corderos a los leones del circo; entonces, ¡quién lo duda!, las naciones y las razas se convertían en tropel y el milagro dirigía la marcha de la Historia. Ha sucedido con esto de la manifestación divina lo que con la poesía, que al principio fue épica y colectiva, y ahora ya no puede ser más que lírica e individual. Créanme ustedes: ahora hay milagros lo mismo que en la Edad Antigua, solo que son milagros líricos, para una sola persona, y el que los siente no los cuenta, porque, dada la incredulidad general, teme que se mofen y le tengan por mentecato. Para proclamar un milagro se necesita hoy ser más valiente que el Cid. ¿Bajan ustedes los ojos? Seguro estoy de que cada cual de ustedes tiene su milagro oculto; cada cual ha percibido el calor de la zarza que ardía en el monte Horeb... ¿A que ninguno me desmiente? Lo que pasa es que nos lo guardamos... Secretum meum mihi... Créanlo ustedes: si no fuese por el miedo, saldrían aquí cosas notables. Y si no fuese por la inconsecuencia propia del hombre, y por alguno de los tres enemigos del alma, en particular... nos meteríamos en la Trapa.

No sabiendo qué oponer a argumentos tan especiosos, apretamos a Tristán de Cárdenas para que nos contase su milagro, mas no pudimos conseguirlo, se negó resueltamente, declarando que era el mayor de los cobardes y temía nuestras burlas. Sin embargo, cuando se disolvió la tertulia y quedamos solos en el gabinete, a mi primera insinuación, Tristán entornó los ojos como el que quiere recordar, y habló así:

—Al empezar mi historia, temo que lo que a mí me pareció prodigio no le parezca a usted sino un suceso casual o insignificante... Es lo que antes decíamos: los milagros, hoy día, son internos o individuales. Yo experimenté ciertas impresiones que se me figuraron causadas por la intervención directa, en mi vida, de un poder superior a todos los poderes de la tierra; si usted no comparte mi fe, respétela al menos, ya que abro mi corazón tan lealmente.

Bien sabe usted que yo tuve un niño; pero no sabrá tal vez que soy... es decir, ¡que era!, un padre amantísimo, un padrazo de ésos que viven pendientes de la salud de la criatura, que se baban al oír sus gracias y se pasan el día con ella en brazos, prestándose a sus caprichos y dejándose arrancar el bigote. Además de este cariño instintivo y natural, yo creía firmemente que mi inocente hijo era símbolo de mi ángel custodio, y que su presencia santificaba mi casa y mi espíritu. Mis pasiones y mis flaquezas las ofrecía al pie de la cuna como al pie de un altar. Se me antojaba que si yo era bueno, Dios me conservaría mi hijo. ¿Ha leído usted los poemas indios? En ellos, a cada paso, salen a relucir unos ascetas que, por la virtud de sus mortificaciones, llegan a adquirir tan sobrehumano vigor, que se imponen a los dioses mismos. La idea me agrada, y es, en el fondo, la que expresa el Evangelio al decir que el «reino de los Cielos sufre violencia». La bondad es una poderosa energía; yo me revestí de bondad, a fin de evitar una prueba que creía no tener ánimo para resistir.

La prueba vino. La criatura cayó enferma, de una de esas fiebrecillas que al pronto no alarman, pero que, día tras día, consumen. Figúrese usted mis vigilias, mis terrores, mi calvario. Es decir, creo que no habiendo pasado por tales amarguras, ni concebirse pueden. Desesperando de los remedios humanos, miré hacia arriba y no atreviéndome a presentarme a Dios sin intercesor, abrumé a ruegos y colmé de ofertas a San Antonio de Padua, al amigo de las mujeres y de los niños, al «santo» por antonomasia, de quien yo había sido devoto siempre.

El santo no me oyó... ¡Ah! ¿Usted creía que el milagro había consistido en sanar al enfermito? ¡Bah! Milagros de ésos los hace el santo diariamente... ¿No ve usted a cada paso que un chico se echa fuera de una ventana y no se cae; que otro empuja un quinqué de petróleo, lo vuelca y no se abrasa; que éste rueda cien escaleras y no se hace ni un chichón; que aquél se mete entre las ruedas de un coche y no saca ni un rasguño? ¿No oye usted decir a las madres que sus hijos «viven de milagro»?

El mío murió. Me puse como un insensato; sí, creo que estuve fuera de juicio bastante tiempo. Me entró no «misantropía», sino otra cosa más rara: «misoteísmo», mala voluntad contra Dios y sus santos. No dejé de creer, pero sí de amar. Casi diría que aborrecí. Mis delirios, mis rabiosos pecados de aquella

39

época, fueron otras tantas blasfemias en acción. Cesé de practicar; olvidé las oraciones; no pisé en un año los templos.

El día del aniversario de mi pequeño, a la misma hora en que había volado su blanca almita, como yo vagase sin rumbo por las calles de Madrid, me detuve a la puerta de una iglesia donde no recordaba haber estado jamás. Encontrábame tan triste, tan solo, tan anegado en las aguas del dolor, que, sin reflexionar lo que hacía, entré. Era el punto de la caída de la tarde, y lo primero que divisé en un altar lateral fue la efigie de San Antonio de Padua. Sentí como un golpe, y me acerqué vivamente colérico a pedirle cuentas al santo, a preguntarle por qué me había quitado a mi hijo, mi gloria. De pronto me quedé mudo de sorpresa. Usted habrá reparado, sin duda, en que a San Antonio de Padua siempre lo representan los escultores con el Niño en brazos. Pues bien, por primera vez en mi vida, veía un San Antonio sin niño... y mientras los ojos de la efigie parecían fijarse en los míos severamente, noté que su mano, alzando el dedo índice señalaba al cielo.

—Pero eso ¿lo imaginó usted, o lo vio en realidad? —pregunté cuando a Tristán se le calmó algo la emoción.

—¡Imaginarlo! La efigie existe, y puede usted cerciorarse cuando quiera.

—Pues, en efecto, no conocía efigies de San Antonio sin el Niño —murmuré como si hablase conmigo mismo.

El Imparcial, 19 de febrero 1894.

La máscara

—Mi «conversión» —dijo Jenaro al dejarse caer en el banco de piedra dorado por el liquen y sombreado por el corpulento nogal, cuyas hojas volaban desprendidas a impulsos del viento de otoño— mi conversión se originó de... una especie de visión que tuve en un baile. Apostemos a que usted con su amable escepticismo, va a salir diciendo que, en efecto, tengo trazas de hombre que ve visiones...

—Acierta usted —respondí sonriendo y fijándome involuntariamente en el rostro del solitario, cuyos ojos cercados de oscuro livor y cuyas demacradas mejillas delataban, no la paz de un espíritu que ha sabido encontrar su centro, sino la preocupación de una mente visitada por ideas perturbadoras y fatales—. Respetando todo lo que respetarse debe, propendo a creer que ciertas cosas son obra de nuestra imaginación, proyecciones de nuestro espíritu, fenómenos sin correlación con nada externo, y que un régimen fortificante, una higiene sabia y severa, de ésas que desarrollan el sistema muscular y aplacan el nervioso, le quitarían a usted hasta la sombra de sus concepciones visionarias.

—¿Niega usted los presentimientos, las revelaciones a distancia? ¿No ha leído usted casos de espíritus que acuden al llamamiento de los vivos?

—¡He leído tanta historia! —contesté procurando emplear tono conciliador—. No negaré en crudo todo eso, ni lo trataré de superchería y farsa; negar es tan comprometido como afirmar, y lo mejor es suspender el juicio. Sin embargo, la fe católica me prohíbe ser supersticiosa; la razón me manda desconfiar de apariencias; y ya que un Santo Tomás quiso ver para creer... bien podemos tener la misma exigencia los que no somos santos. Cuando vea algo maravilloso...

—No lo verá usted nunca —murmuró con tenacidad de iluso el pobrecillo de Jenaro—. El que está prevenido de antemano contra las revelaciones del «más allá», que renuncie a ellas. Ese sentido positivo no es solo una coraza y un blindaje, es un velo tupido que ciega los ojos del sentimiento y del alma. No, usted jamás verá cosa alguna.

«Gracias a Dios», pensé para mi sayo; pero el convencimiento de que no lograría persuadir a aquel enfermo de la mente, me obligó a reservar mis impresiones. Y dije a Jenaro en alta voz, condescendiendo:

—Al menos, hágame usted «ver» ahora, con su narración... Cuénteme usted ese cuento bonito de cómo llegó a convertirse, a desengañarse y a meterse en estos andurriales, dedicado por completo a huir del mundo y a socorrer a los infelices. Crea usted que, mediante eso que llaman «autosugestión», seré capaz de «ver» momentáneamente lo mismo que usted haya visto, y de saborear la poesía terrorífica de su relato.

—Pues oiga usted —respondió satisfecho de desahogar, de hablar de una impresión terrible, con la cual sin duda luchaba algunas veces a solas, como Jacob con el ángel—. El hecho ocurrió precisamente cuando estaba yo más ajeno a pensar en nada serio y vivía envuelto en distracciones y amoríos. Había terminado mis estudios; había viajado un par de años a fin de completar mi instrucción, familiarizándome con algunas lenguas vivas; acababa de hacerme cargo de mi hacienda, perfectamente administrada durante mi menor edad, caso raro, por mi tío y tutor; y sin cuidados ni penas, halagado del mundo que me abría los brazos, solo pensé en lo que se llama «pasarlo bien», seducido por ese Madrid donde reina el espíritu de disipación y donde se diría que la vida no tiene más objeto que deslizarse arrastrada por la corriente del goce. La mía volaba así, sin otro anhelo que estrujar el momento presente para que suelte todo su jugo de emociones gratas.

No necesito detallarlas ni trazar el cuadro de mi existencia, igual a la de tantos desocupados ricos e inútiles. Solo diré, porque interesa a mi cuento, que todo aquél que busca el goce por sistema, muchas veces halla el aburrimiento más insufrible. Uno de los sitios que ostentan el rótulo de diversión y, por lo general, engendran el hastío, son los bailes de máscaras. El atractivo del antifaz y del disfraz, el triunfante señuelo del misterio nos hace fantasear mil sorpresas deliciosas; pero ya la sátira y la comedia se han apoderado de este tema del baile de máscaras para ridiculizar semejantes ilusiones y demostrar que, de cien veces, noventa y nueve y media nos espera un chasco ridículo. No obstante, esa probabilidad aislada y remota basta para excitar la imaginación y llevarnos allí, de donde salimos renegando.

La noche del lunes de Carnaval caí, pues, en uno de esos bailes que suelen dar las sociedades artísticas, y en cuya atmósfera parece que circula un poco de aire bohemio, jovial y animador.

Yo había comido con amigos de mi edad, mozos alegres, y para prepararnos a la trasnochada y al probable fastidio apuramos algunas botellas de vino espumante y tomamos café fuerte; así es que me encontraba en un estado de excitación humorística, dispuesto a cualquier diablura y con ánimos para conquistar el mundo. Entré en el salón central precisamente cuando se iban a rifar las panderetas, y la gente, dejando desiertos los otros salones, se arremolinaba en torno de la rifa. Como no tenía el menor empeño en que me tocase cualquier botecillo, no intenté romper el muro de la carne humana, y me dirigí a otro saloncito retirado, muy adornado de espejos y flores, y casi desierto en aquel instante. Iba distraído, examinando maquinalmente la decoración, cuando una serpentina amarilla se enroscó a mi cuerpo y escuché agria carcajada. Me volví y vi que las roscas del ligero papel las disparaba la mano de una Locura vestida de negro, con pasamanos color de oro. «Ya pareció el argumento de esta noche», pensé, acercándome a la que así me provocaba, y notando con agradable extrañeza que aquella máscara no podría ser una cocinera disfrazada, sino, sin duda alguna, una persona de mi clase, de mi esfera, de mi misma categoría social. Saltaba a la vista en el menor detalle de su esbeltísima figura y en el conjunto de su disfraz, no alquilado ni prestado, sino hecho a medida y cortado a la perfección.

Mis gustos artísticos me graduaban de inteligente en indumentaria femenina, y yo veía que aquella falda de negro raso riquísimo, orlada de frescas gasas amarillas, delataba la tijera de modista experta y hábil; y aquellas medias negras bordadas, que cubrían un tobillo de tan aristocrática delgadez y un empeine tan curvo, eran de la seda más elástica y fina; y aquellos larguísimos guantes, también de seda y bordados igualmente de oro, acababan de estrenarse; y el sonoro cascabel, que de la orilla del picudo gorro colgaba sobre la frente, era de oro cincelado, enriquecido con verdaderos diamantes. Al mismo tiempo, yo, que conocía a todas las mujeres algo visibles de todos los círculos de Madrid, no acertaba con ninguna que tuviese aquella figura acentuada, aquella estatura alta, aquella exagerada gracilidad de formas, aquellas líneas inverosímiles, tan prolongadas y enjutas. Al acercarme a la máscara y estrecharla con bromas y requiebros, en vano intenté columbrar, bajo el negrísimo antifaz, algo del rostro; con tal exactitud se adaptaban a él la engomada seda y las densas blondas del barbuquejo.

«Será —pensé— alguna aventurera extranjera que ha venido a correr un bromazo aquí». Pero mudé de opinión cuando la Locura respondió a mis galanteos en excelente castellano, con voz irónica y mofadora, con acento sordo, sin eco, de inflexiones burlonas, casi insultantes.

Poco después bailábamos. No acostumbraba yo entregarme a tal ejercicio; mas me sentía tan empeñado por la elegante máscara, que le propuse valsar solo por acercarme a ella, por sentir el contacto de su cuerpo, que sospeché flexible como el de una serpiente. Y al estrecharlo, me pareció duro, rígido, de una materia resistente y seca, a pesar de lo cual me producía embriaguez rara, ni más ni menos que si aquella mujer, encontrada en un baile por casualidad, completamente desconocida para mí, fuese algo mío, algo que me pertenecía y de que no podía separarme.

Mientras valsábamos, ella callaba, y cuando la convidé a beber una copa de champaña helado, colgóse de mi brazo, y bajo el antifaz me figuré que sonreía. Loco de entusiasmo, realmente impresionado por mi conquista, pedí un reservadísimo gabinete, y encargué que nos trajesen lo mejor, lo más selecto. Aquella aventura vulgar en el fondo, pero realzada por la distinción y el porte de una mujer a todas luces aristocrática, desdeñosa, mordaz, ingeniosa en sus respuestas, me parecía verdadero hallazgo de noche de Carnaval, de esos regalos que hace a la juventud la Fortuna. Tal era entonces mi ceguedad moral, que la ocasión de cometer un pecado se me antojaba un mimo de la suerte.

Mis ojos no se apartaban de la máscara, y a la luz de las bujías que iluminaban la mesa la encontraba más original, más atractiva, más fascinadora que antes. Sus pies estrechos calzados de raso amarillo, se cruzaban con gracioso abandono; sus brazos apoyados en el respaldo de la silla, libres ya de guantes, eran de una palidez marmórea y de una delicadeza escultural. Su garganta desnuda, su escote pulido, sin gota de sudor, tenían el tono suave del marfil. Su pelo, de un rubio fuerte, casi rojo, flameaba en torno del antifaz. Anhelando ver la cara que permanecía tan oculta, me arrodillé para implorar de la Locura que se descubriese, jurando que la quería, que la adoraba hacía mucho tiempo, y aunque ella no lo supiese, la seguía, la buscaba, iba en pos de su huella por todas partes, ebrio de amor, trastornado, loco... Y, ¡oh sorpresa!, sin dulcificar su irónica voz, me respondió:

—Ya lo sé, ya lo sé que me quieres y me buscas sin cesar... Ya sé que tras de mí corres a todas horas; ya sé que soy el fanal que te guía. Hace años que también espero el momento de reunirme contigo para siempre, hasta la eternidad... Bebamos ahora, que luego te enseñaré mi rostro.

Obedecí y escancié el vino, cuya frialdad salpicaba de aljófar por fuera la copa de transparente muselina, y besé la mano de la máscara, tan helado como el champaña. La glacial sensación me exaltó más: con movimiento súbito arranqué el antifaz, rompiendo sus cintas..., y retrocedí de horror, porque tenía delante...

—¿Una calavera? —pregunté interrumpiendo, pues creía conocer el desenlace clásico.

—¡No! —exclamó Jenaro con hondo escalofrío provocado por el recuerdo—. ¡No! ¡Otra cosa peor..., otra cosa!... ¡Una cara difunta, color de cera, con los ojos cerrados, la nariz sumida, la boca lívida, las sienes y las mejillas envueltas en esa sombra gris, terrosa que invade la faz del cadáver! Un cadáver. Y para colmo de espanto, el pelo rojizo, movible y encrespado, que rodeaba la cara y parecía la fulgurante melena de un arcángel, se inflamó de pronto como una aureola de llamas sulfúreas, de fuego del infierno, que iluminase siniestramente la muerta cara. ¡Un difunto, y «difunto condenado»! Eso era la elegante, la esbelta, la burlona Locura, vestida como los ataúdes, de negro con cabos de oro.

Jenaro calló un momento, y después añadió tembloroso:

—Apagadas las bujías por no sé qué invisible mano, solo el nimbo de terribles llamas alumbraba el gabinete, y yo, que estaba medio desmayado sobre un sillón oí el acento mofador que me decía:

—No soy la muerte; soy «tu muerte», tu propia muerte, y por eso te confesé que me buscabas con afán... ¡Por ahora no podemos reunirnos... pero hasta luego, Jenaro!

—No me avergüenzo de reconocerlo —prosiguió Jenaro humildemente— al fin perdí el sentido... como una niña, como una dama... Al volver del desvanecimiento, me encontré solo en el gabinete. Las bujías ardían, y en las dos copas aljofaradas por fuera lucía el áureo vino... Huí del gabinete y del baile; caí enfermo, sane, me retiré del mundo... Y aquí tiene usted la historia de mi conversión. ¿Qué opina usted de ella?

—Opino —respondí con involuntaria sinceridad— que esa noche estaba usted ya malucho y un poco caliente de cascos...; que la Locura vestida de raso negro era una cocotte pálida y con el pelo teñido, pagada tal vez por algún compañero de francachela para embromar a usted... y que, por lo demás... convertirse es bueno siempre, y la caridad una excelente ocupación.

Jenaro me miró con lástima profunda se levantó y echó a andar hacia su casa.

El Liberal, 28 febrero 1897.

Miguel y Jorge

Encontráronse a orillas de un río del Paraíso, muy azul y muy manso, y complacidos de encontrarse, a un mismo tiempo se pararon y se saludaron cortésmente, mirándose con singular gozo. Y a fe que los dos tenían que ver, y aun en qué regocijar la vista.

Miguel llevaba descubierta su cara imberbe, de facciones enérgicas y finas, de tez blanca y sonrosada como la de una linda doncella. La alzada visera del yelmo resplandecía sobre su frente como una diadema, y los rubios cabellos en bucles serpentinos y elásticos, flotaban acariciando el cuello de marfil, que no tapaba la escotada gola de acero nielado de oro. Su ceñida loriga de escamas de plata señalaba con hermosas líneas las formas vigorosas y exquisitas de un gallardo torso. Las puntas de su banda de crespón carmesí, recamada de perlas se anudaban al costado y caían hasta la pierna desnuda bajo el rico faldellín. Dos gruesos topacios abrochaban la tobillera de sus sandalias y su puño derecho luciendo la valiente musculatura, afianzaba una lanza de bruñido fresno, con flecos de seda en torno de la moharra aguda y terrible. Las fuertes alas del arcángel eran de la pluma más suave y blanca, pero hacia la extremidad se teñían de viva púrpura, como si se hubiesen humedecido en sangre de los enemigos de Dios.

Jorge no tenía alas. Era un hombre, un grave guerrero, hermoso a su manera, digno de la franca admiración con que le miraba Miguel. Alto y membrudo, llevaba con marcial desembarazo, y como si no advirtiera su peso, el arnés entero de batalla, de coraza bombeada, añadido de brazales, rodilleras, quijotes, grebas, gorguera y yelmo, todo labrado a la milanesa, historiado, cincelado y deslumbrador. Al andar, las piezas de la armadura se entrechocaban y exhalaban un sonido vibrante y metálico. Airoso penacho de plumas coronaba el casco, que tenía por cimera un endriago de esmalte verde. El rostro de Jorge respiraba ardor y lealtad: pálido, de garzos ojos, una puntiaguda barba castaña lo hacía más varonil.

—¡Oh, Jorge, príncipe batallador! —dijo por fin el arcángel sonriendo dulcemente—. ¡Cuánto me place haberte encontrado! Ven, acompáñame, si es que alguna orden de nuestro rey no te lo prohíbe.

—Libre estoy y tiempo me sobra —respondió Jorge—. A poco más mi armadura se cubrirá de orín, y mi brazo no sabrá botar la lanza, ni descargar el fendiente mis puños. Ya he colgado el escudo del árbol de las Hespérides, y los inocentes angelitos, los muertos en edad temprana, se divierten en herirlo para oír el sonido claro y agudo del acero.

—Aún te invocan, Jorge —declaró con respetuoso acento Miguel—. Aún tu imagen ecuestre, en actitud de hundir el lanzón en la garganta del escamoso drago, se ostenta sobre pechos ilustres. Aún tu nombre se pronuncia con fe, para que detengas en su camino a la tarántula inmunda y venenosa, y la paralices hasta que sea aplastada. Contra todo lo vil, lo asqueroso, lo repulsivo, Jorge, a ti te llaman.

Departiendo así habían llegado a una gruta que abría su boca en un remanso del celeste río. Polvo de plata tapizaba el suelo y a trechos abrían sus cálices los gladiolos y se erguían las espadañas, semejantes a hoja de espada desnuda.

Las prismáticas estalactitas centelleaban como diamantes, y un manantial límpido ofrecía sus aguas deliciosas a los dos héroes, que al beberlas después de las batallas habían recobrado mil veces fuerzas y valor. Jorge no quiso beber, ¿para qué?; pero Miguel absorbió en el hueco de su mano un trago copioso. Después se sentaron en un trozo de cristal de roca, diáfano y puro como el aire.

—Ya sé —dijo Jorge pensativo— que me han hecho patrono de los caballeros y que es uso entre la gente poderosa y desocupada llevar una medalla fina con mi efigie en la cadena del reloj. Hasta las mujeres la lucen en brazaletes y dijes, broches y agujas. Ya sé también que me recuerdan cuando se desliza por la pared la medrosa sombra de la negra y velluda araña, a la cual mi nombre tiene la virtud de dejar inmóvil, encogida de pavor. Pero bien sabes, caudillo invencible, que entre todos ésos que ostentan la medalla de San Jorge no hay ninguno digno de ser recibido en la estrecha Orden de la caballería andante. ¡Digno de ser recibido! ¡Merecedores de ser expulsados casi todos!... ¿Cuál de ellos ha guardado castidad, palabra y honor? ¿Cuál ha amparado al huérfano, respetado a la doncella, protegido a la viuda, deshecho entuertos, atemorizado a follones y malandrines? ¿Cuál ha acometido sin temer, sin flaquear; sufrido hambre, sed y fatiga, despreciando la materia por seguir incesantemente la luz misteriosa del ideal? Príncipe Miguel, mi misión en la tierra ha concluido; mi espada puede romperse en dos pedazos, mi brillante armadura enmohecerse;

ya nadie sigue mis pasos aplastando al eterno dragón de la maldad y de la vileza. En el garito infame he visto gente que ostentaba mi medalla caballeresca, y la he encontrado con horror, sirviendo de membrete de un papel perfumado con el odioso almizcle de las mujeres perdidas...

Miguel escuchaba a Jorge atentamente, serio y grave, el lindo rostro sonrosado como el de una doncella. No podía negar que las aseveraciones del gran príncipe eran fundadas. En efecto, las costumbres y los ritos de la caballería iban desapareciendo del mundo.

Volvióse por fin hacia Jorge, y con aquella tierna reverencia que demostraba él, espíritu puro e inmortal, al que solo un mortal había sido en su vida terrena, dijo en voz más sonora y melodiosa que el ruido de la fuente de cristal cayendo en el pilón formado por las brillantes agujas de la roca:

—Tú puedes ya, príncipe, descansar en tu gloria. Para ti, lo más bello del mundo: los recuerdos, las torres góticas con bizarras almenas, las fortalezas que antes que rendidas abrasó el incendio, los vidrios de colores donde campea arrogante el heráldico blasón, las ejecutorias en que narran altos hechos el fino pincel del miniaturista, los viejos romances que entonaron los juglares y los troveros, las tumbas silenciosas donde duermen los que fueron invictos capitanes y caballeros sin miedo y sin tacha. Envaina la espada si quieres; yo no puedo. Los tiempos de la caballería pasaron; los del Espíritu Santo no pasan nunca.

Al hablar así, Miguel se volvió hacia la entrada de la gruta, en la cual acababa de aparecerse un soldado de sus milicias, un ángel de cuerpo tan transparente y fluido, que al través de él se veía el río, como se ve un trozo de cielo azul a través de una argentada nube.

—Ya me llaman —exclamó Miguel levantándose, requiriendo la lanza, que había dejado arrimada a la pared de la gruta, y embrazando el escudo de diamante que le presentaba el angélico escudero—. Bajo a la Tierra. Lucifer me pide batalla ahora, y dispara contra mí proyectiles hasta hoy no usados; sus armas son acuñadas monedas, y si no acudo, la pobre Humanidad sucumbiría, porque esta batalla es más recia que ninguna.

—¿Quieres que te siga, que pelee a tu lado? —preguntó con ansia Jorge, cuyas narices se dilataban y cuyos ojos chispeaban llenos de marcial fiereza.

—No, príncipe —respondió el arcángel, sonriendo—. ¡La táctica ha variado tanto desde que lidiabas tú! ¡Sé que sufrirías mucho si bajases a la tierra, patrón de los caballeros!

Corpus

En el sombrío y sucio barrio de la Judería vivían dos hermanos hebreos, habilísimo platero el uno, y el otro sabio rabino y gran intérprete de las Escrituras y de las doctrinas de Judas-Ben-Simón, que son la médula del Talmud.

De noche, cuando cesaba la tarea del oficial y las lecturas y oraciones del teólogo, se reunían a conservar íntimamente, se confiaban su odio a los cristianos y su perpetuo afán de inferirles algún ultraje, de herirles en lo que más aman y veneran.

Nehemías, el platero, proponía atraer a la tienda al primer niño cristiano que pasase y sangrarle para tener con qué amasar los panes ázimos de la venidera Pascua. Pero Hillel, el rabino, decía que ésa era mezquina satisfacción y que a los cristianos no había que sustraerles un chicuelo, sino a su Dios, a su Dios vivo, al mismo Rabí Jesuá, presente en el Sacramento.

Quiso la fatalidad que un día, cuando ya se acercaba el Corpus, se descompusiese la magnífica custodia de plata, el mejor ornato de las procesiones, y como en el pueblo solo Nehemías era capaz de componerla, al tenducho del hebreo vino a parar la obra maravillosa de algún discípulo de Arfe.

La vista del soberbio templete, con sus tres cuerpos sostenidos en elegantes columnas y enriquecidos por estatuas primorosas, con su profusión de ricas molduras y de cincelados adornos, enfureció más y más a Nehemías y a Hillel. Rechinaron los dientes pensando que mientras el señor de Abraham y de Isaac ve arrasado su templo, el humilde crucificado del cerro del Gólgota posee en todo el mundo palacios de mármol y arcas de plata, oro y pedrería. Una idea infernal cruzó por la mente de Hillel el rabino; la sugirió a su hermano, y fue dócilmente realizada.

Nehemías forjó para sí una llavecita igual a las tres que abrían el sagrario y que guardaban en su poder tres dignidades del Cabildo. Entregó a su tiempo la custodia bien compuesta, limpia, resplandeciente, y esperó ocasión propicia de utilizar su llave.

La ocasión ha llegado. Hillel, que aguarda con el corazón palpitante de esperanza y ansiedad, abre la puerta a su hermano, el cual se desliza furtivamente, escondiendo algo bajo los pliegues de su mugrienta hopalanda. Un rugido de gozo del rabino contesta a las sordas frases del platero, que murmura:

—Lo traigo aquí.

Y acercándose a la mesa, arroja sobre ella un paño que Hillel desenvuelve, y dentro del cual, ¡oh alegría salvaje!, aparecen siete transparentes y delicadas Hostias.
—Los ojos de Hillel despiden lumbre. Una risa espasmódica desgarra su laringe, y con furia de demonio escupe dos veces sobre las Formas sacras. Su rostro, alumbrado por la luz dura y amarilla del velón de tres mecheros, recuerda las esculturas de rabiosos sayones que en los pasos tiran de la cuerda o golpean a Cristo...
—¡Ése es su Dios, su Mesías! —exclamaba el talmudista con infinito desdén.
—¿Qué te parece, hermano? ¿Cómo le burlaremos mejor? ¿Se lo echaremos a la marrana? ¿Lo revolveremos con la basura del estercolero?
—Hillel —contesta Nehemías, que ha permanecido inmóvil—, no sé qué decirte; me siento temeroso y confuso. Si ese pan no es más que pan, al ultrajarlo procedemos como el niño que no sabe dirigir sus actos y se entrega a cóleras necias. Si ese pan es realmente el Mesías de los cristianos, ¡ah!, entonces vivimos en tinieblas los que no quisimos reconocerle por el Hijo de Dios.
Hillel mira a su hermano con asombro y desprecio profundo; pero el platero, torvo y trémulo, exclama:
—Has de saber que esas Hostias pesaban como si fueran de plomo. Hillel, haz tú lo que quieras con ellas. Yo te las he traído, pero lavo mis manos; no caiga sobre mí la iniquidad.
El rabino crispa el rostro para sonreír con ironía inmensa, ocultando la amargura que le causa la flaqueza de Nehemías, y de pronto, arrojando al suelo las Formas, las patea y danza sobre ellas con frenesí, para reducirlas a partículas impalpables, que se confundan e incorporen a la inmundicia del suelo...
Al cabo de diez minutos, cuando el judío, sudoroso y con la vista extraviada, se detiene y mira a ver si aún quedó algún fragmentillo de las Hostias, ve que todas siete están enteras, en fila, blancas como pétalos de azucena, tersas, inmaculadas...
Nehemías se convirtió y fue bautizado. Las Hostias milagrosas no se guardan ya como reliquias, porque en cierta grave enfermedad una reina de España quiso comulgar con ellas, y a esta comunión se atribuyó su restablecimiento.

El cuarto...

Gran batahola aquel día, en el siempre pacífico y silencioso palacio episcopal de Arcayla. Entradas y salidas de presbíteros y canónigos, con la tejuela bajo el brazo y los manteos flotantes, y de señorones y caciques de la ciudad y de veinte leguas a la redonda, muy soplados, de levita cerrada, guantes prietos, acabaditos de estrenar, y bastones de puño dorado y reluciente contera; zambra en las amplias cocinas, bullir de pinches y marmitones, limpiando legumbres, batiendo claras y picando jamón; llegada de mandaderas de convento con recados de las monjitas y fuentes de natillas muy bordadas y festoneadas; bureo y trajín magno en el comedor, para disponer y adornar la luenga mesa de cuarenta cubiertos, disimulando que el servicio no era parejo, y que el señor obispo, no contando con dar banquetes de tanto rumbo, había tenido que pedir prestado un suplemento de mantelería, de cristalería, de servicio de plata y de vajilla de loza... El caso se consideraba mortificante para el amor propio del mayordomo «de Palacio», y dos o tres veces sus labios apretados dejaron escapar frases agridulces (más agrias que dulces, si toda la verdad ha de decirse), contra «el exceso de la caridad», porque «en todo cabe exceso», y el no «hacerse cargo» de que las dignidades y altos puestos tienen sus exigencias, y docena y media de tenedores con mellas no es nada para la casa de un prelado, expuesto a que de repente le caiga encima el chaparrón de un convite tan solemne como aquél...

¡Friolera! ¡El ministro del ramo, el de Gracia y Justicia en persona, que al pasar por Arcayla quería entregar en propia mano al más joven de los obispos españoles y uno de los más venerables ya por sus merecimientos y ejemplar virtud, el pectoral de amatista, regalo de una altísima persona!

Mal como se pudo, remediáronse las deficiencias y discordancias del servicio, y hasta quedó la mesa que daba gozo, con sus ocho compoteras de variados dulces monjiles, sus tres canastillas llenas de magníficas flores naturales, sus cuatro platos de escogidas frutas, sus cinco ramilletes de helados, caramelo y almendras, sus dos piñas, obsequio de un indiano, sus servilletas dobladas y repulgadas figurando una serie de blancas mitras, sus seis candelabros de plata con bujías de color, y su profusión de copas para los diversos vinos que habían de servirse.

Acudieron a «ver la mesa» algunas señoras de lo principal de Arcayla, y se extasiaron, llenas de orgullo y cayéndoseles la baba, por el lucimiento de su obispo ante los peces gordos de Madrid; que, al cabo, sobre Arcayla refluía el honor dispensado al obispo, y ahora verían los envidiosos y los malos e incrédulos cómo se estima en elevadas esferas al que lo merece, y cómo no hacían ellos nada de más en desvivirse por su pastor.

Las tres acababan de sonar pausadamente en el gran reloj de la torre de la arcaylense catedral, y el obispo, de ocupar una de las presidencias de la mesa, frente al ministro, que aceptaba, sonriendo e inclinándose, la otra, cuando el portero de Palacio vio cruzar el zaguán y dirigirse resueltamente hacia la escalera a una señora desconocida, de aspecto en tal sitio asaz extraño.

Para ojos inexpertos, ignorantes de ciertos artificios del tocador, la dama... o lo que fuese, representaba cuarenta años a lo sumo; para los inteligentes, sabe Dios si podrán añadirse a la cuenta cuatro lustros bien corridos. Cinchado por un corsé magistral, el talle de la señora se gallardeaba señalando ciertas curvas osadas, mórbidas aún. El traje era de corte exagerado y provocativo; y el sombrero, redondo, enorme, recargado de plumaje y broches de brillantes falsos, sombreaba la cara lunar, barnizada de afeites, en que los labios de bermellón se destacaban como herida reciente, mientras el pelo, teñido de un rubio de cobre, fulguraba recordando la aureola de fuego de Satanás.

Indignado y escandalizado, el portero se acercó en actitud hostil a la intrusa, y al llegarse a ella recibió una bocanada de esencias y perfumes que por poco le tumba de espaldas, apestándole más que si fuese vaho de infernal azufre, emanación de las calderas malditas.

—¡Eh, señora, eh! ¡No se pasa! —gruñó el portero. Pero la dama, que sin duda esperaba recibimiento semejante, se lanzó impávida por la escalera de piedra, empujó la mampara de damasco y se coló de rondón en la antesala, donde un familiar platicaba con dos o tres rezagadas devotas, con media docena de señores formales y tal cual bulle-bulle desperdigado del séquito del ministro.

En pos de la intrusa, subía el portero, desalado, sin aliento ni para reiterar el «no se pasa». Familiar, damas y caballeros volviéronse sorprendidos, mientras la señora, arrogante, se plantaba desafiándolos, retando si era preciso al universo.

—Señora —advirtió el familiar acudiendo en auxilio del portero—, no puede usted ver a su ilustrísima; tenga la bondad de retirarse.
—¿Que no puedo verle? —repitió la perfumada, despidiendo a cada contoneo del talle la misma inequívoca peste almizclada y oriental—. ¿Que no puedo? ¡Eso ya lo vamos a ver ahora! ¡No poder ver yo al obispo de Arcayla! ¡Pues está bueno!
—Imposible, señora; lo siento mucho —exclamó el familiar, algo preocupado. Y bajando cautelosamente la voz, porque notaba la extrañeza y recelo indefinible del grupo reunido en la antesala—. Su ilustrísima, en este instante, está comiendo... Mañana, a otra hora..., veremos si es posible que conceda a usted una audiencia.
—¡Audiencia a mí! Atrás, so simple... Audiencia... ¿audiencia a su madre?...
La frase cayó como una bomba en el grupo de la antesala. ¡Madre! Si la intrusa llega a soltar otra cosa, una enormidad realmente atroz, no sería mayor el escándalo. ¡Madre! ¡»Aquello», la madre del obispo de Arcayla! Salía cierto lo que decían en voz baja los impíos de la Prensa y los rebeldes del cabildo; lo que llamaban calumnia infame los amigos y admiradores del prelado: que éste era un hijo espurio, recogido por su padre a fin de que no se degradase al contacto de la mujer galante y venal que le había llevado en sus entrañas. ¡Aquella historia de oprobio se confirmaba con la presencia de la pájara, de la empedernida y vieja pecadora. ¡Y qué oportunidad la suya, aparecerse en tal momento! El familiar se interpuso, aterrado, tan fuera de sentido que ni acertaba a formar cláusula.
—La señora madre de su ilustrísima..., ha..., ha..., ha fallecido hace muchos años —tartamudeó, cruzando las manos con angustia, implorando misericordia.
—¡Fallecer! ¡Pronto me ha enterrado usted, curita! —exclamó riendo cínicamente la del perfume. Y como una cabra, deslizóse de entre el grupo hostil. Guiada por su instinto maléfico, se lanzó al largo pasillo, y, no sin tropezar con un mozo que llevaba una fuente de frito y volcarla entera, hizo irrupción en el comedor. El familiar la seguía desesperado, sin conseguir darle alcance.
Cuando vio surgir, a manera de espectro del pasado, a la mujer que tan amenazado le tenía con «armar la gorda» si no le enviaba dinero y más dinero, el obispo de Arcayla palideció y se demudó, como el sentenciado cuando ve

55

el patíbulo. No amor, no ternura, sino vergüenza y espanto le causaba, por terrible anomalía, la presencia de la que le había concebido en el pecado, abandonado en la niñez, olvidado en la juventud y abochornado y torturado en la edad viril. Cabalmente la ignominia y degradación de la madre impulsaron al hijo a abrazar el sacerdocio, renunciando para siempre al amor, al hogar, a toda perspectiva de felicidad mundana. ¡Y ahora se le presentaba, le echaba en rostro la afrenta, allí, en presencia de todos, delante de los que venían a honrarle, en ocasión de estar recibiendo públicamente un testimonio de respeto, un homenaje halagüeño y merecido!

Era hombre el obispo, era de carne su corazón, y se retorcieron en él las víboras de una tentación horrible... ¡Desmentir, negar, expulsar a aquella mujer, sin perder un minuto, como a una pobre loca! Pero casi en el mismo instante, los brillantes del rico pectoral que estrenaba enviaron un rayo claro a sus pupilas... ¡La cruz resplandeció!

Y, descolorido, sereno, grave, cerrando los ojos, pisoteándose las pasiones, el obispo se levantó, fue al encuentro de la intrusa, tendió la frente al beso de los impuros labios maternales..., y, volviéndose a los convidados, dijo en voz algo velada, pero tranquila:

—Mi madre ha querido honrar hoy mi mesa... Madre, siéntese donde le corresponde: la presidencia, frente al señor ministro.

Años después decía el obispo, cargado de edad y de méritos, envuelta su humildad en la púrpura cardenalicia, como el cielo se envuelve en las magnificencias del ocaso:

—Así como hay «hijos de lágrimas», puede haber padres y madres «de penitencia». Yo pedí tanto por mi madre, que tuve el consuelo de verla morir en un convento de Arcayla, adonde se retiró voluntariamente.

El martirio de sor Bibiana

Vestida ya con el hábito blanco y negro de Santo Domingo, sor Bibiana, pasados los primeros fervores de novicia, sintió renacer aquella inquietud, aquella fiebre que la consumía sin cesar desde la adolescencia. Más allá del cumplimiento de sus votos, del rezo, de la minuciosa observancia de la regla, de la existencia tranquila y metódica del convento, entreveía algo diferente: un horizonte celeste y puro, y sin embargo, surcado por relámpagos de pasión, elementos dramáticos que aumentaban su belleza, encendiéndola y caldeándola. Mientras meditaba a la sombra de los cipreses tristes y las adelfas de rosada flor que crecían en el huerto conventual; mientras pasaba las gruesas cuentas del rosario y entonaba en el coro las solemnes antífonas, que resuenan hondas y misteriosas cual profecías, su espíritu volaba por las regiones del sueño y en su pecho ascendía poco a poco la ola de los suspiros.

Dos años hacía que sor Bibiana alimentaba secretamente aspiraciones quiméricas e indefinidas, cuando se supo en el convento que algunas hermanas dejarían la vida contemplativa por la activa, y saldrían a ejercitar la virtud en un hospitalillo cuidando enfermos y asistiendo moribundos. Fundado tal establecimiento por dos sacerdotes, sin más recursos que la caridad pública, el obispo, asociándose a la buena obra, les ofrecía el personal de enfermeras reclutado en los monasterios. Bibiana se brindó gozosa; al fin encontraba un camino que recorrer: la deseada senda de espinas, que a su corazón parecía de flores. Y desde el primer día se dedicó a la faena con una especie de transporte, derrochando salud y juvenil energía, encontrando un goce en las privaciones y un interés extraordinario en las más insípidas y monótonas labores del hospital. Con la sonrisa en los labios y el regocijo en los ojos, volaba de las salas de enfermos al ropero y al botiquín, del botiquín a la cocina, y sus manos pulcras, empalidecidas y blancas como azucenas en claustro, se encallecían y se ponían rojas al contacto de las cacerolas que fregaba, acordándose de San Buenaventura, el cual también fregó con sus manos de serafín la pobre cacharrería conventual. No tomaba descanso, no quería sentarse ni un momento, y en las cortas horas que consagraba al sueño indispensable, despertábase con sobresalto cien veces, recelando que la llamaba el quejido de un enfermo o el tilinteo de las llaves de la superiora.

No obstante, al año de asistir empezó a extinguirse el entusiasmo de sor Bibiana. No era que vigilias y fatigas rindiesen su cuerpo, era que lo invariable, constante y oscuro de la labor abrumaba su espíritu. Volvían a acosarla las mismas ansias que en el convento; volvía a soñar con algo que tampoco en el hospital encontraba. La senda de espinas no subía enroscándose hacia la cima del enhiesto monte; se desarrollaba uniforme, sin interrupción, por una planicie árida. Lo que hacía ella, Bibiana, igual podría hacerlo una sirvienta, una lega de ésas que como máquinas funcionan, sin sentir vehemente impulso de heroico sacrificio. Mudar apósitos, doblar ropa blanca, graduar medicamentos, hacer camas, acercar a los labios del enfermo la taza de caldo o el vaso de limonada refrescante parecíanle ya a sor Bibiana, adquirido el hábito, quehaceres caseros que se cumplen por rutina, con el alma a cien leguas y el pensamiento adormecido. La repetición del acto embotaba la fina percepción y gastaba el celo de Bibiana; solo el sentimiento del deber la sostenía, y a cada orden de la superiora obedecía estrictamente, pero sin ilusión. Una voz, la voz tentadora de antes, le murmuraba allá dentro: «Bibiana... Hay algo más.» Ocurrió que por aquel tiempo vino a ingresar en el hospital un enfermito, del cual las monjas, aunque tan hechas a ver dolores y males, se compadecieron profundamente. Era un niño de cinco años, con todo el brazo izquierdo devorado por horrible quemadura, atribuida a negligencia intencional quizá, de la indiferente madrastra que no había venido a verle ni una vez, abandonándole como a pajarillo que el temporal lanzó del nido al pie del árbol. Rubio y lindo, demacrado por tanto sufrir, el niño atrajo a las hermanas en derredor de la cama donde gemía. Eran mujeres; bajo el sayal latía su seno que pudo haber lactado, y las traspasaba de lástima tanta inocencia desamparada y torturada cruelmente.

Degenerada la llaga en mortal úlcera, amenazando la negra cangrena, era preciso cortarle el brazo entero a la criatura. Tenían las monjas húmedos los ojos y descolorida la faz cuando el médico dispuso que se trajese lo necesario para proceder inmediatamente a la operación. Y la superiora, enternecida, con voz de abuela a la cabecera de su nietecillo, preguntó si no había medio de salvar al enfermo sin aquella carnicería espantosa.

—Hay un remedio... —contestó el doctor—, pero... ¡si este niño tuviese madre! Porque una madre únicamente... Ya ve usted: era preciso cortarle a una persona sana y fuerte un trozo de carne para injertarla sobre la úlcera y dar vida a esos tejidos muertos. El medio es atroz... Ni pensarlo.

La superiora calló; pero sus ojos mortificados, marchitos, vagaron por el grupo de las monjas, entre las cuales muchas eran robustas y jóvenes. Aquellos ojos graves y elocuentes parecían decir: «¿No hay alguien que ofrezca su carne por amor de Jesucristo?» El silencio de la superiora fue contagioso: las hermanas, trémulas, sobrecogidas, no respiraban siquiera.

De pronto, una de ellas se destacó del círculo, y haciendo ademán de recogerse las mangas, exclamó con voz vibrante:

—¡Yo, señor doctor; yo, servidora!

¡Sor Bibiana, que si de algo temblaba era de gozo! ¡Por fin! Aquello era lo soñado, el dolor súbito, intenso, sublime, el valor sin medida, la voluntad condensada en un rayo; aquello el martirio, y allí, sostenida en el aire por brazos de ángeles, invisible para todos, para ella clara y resplandeciente, estaba la corona que descendía de los cielos entreabiertos!

Rodeaban a Bibiana sus compañeras santamente afrentadas y envidiosas; la superiora la abrazó murmurando bendiciones, y el médico, inclinándose respetuosamente, descubrió el brazo blanco, mórbido, virginal, de una gran pureza de líneas, y buscó el sitio en que había de coger la firme carne. Y cuando, hecha la ligadura, al primer corte del acero, al brotar la sangre, se fijó en el rostro de la monja, que acababa de rehusar el cloroformo, notó en la paciente una expresión de extática felicidad y escuchó que sus labios puros murmuraban al oído del operador, con la efusión del reconocimiento y la suavidad de una caricia:

—¡Gracias! ¡Gracias!

El Imparcial, 11 octubre 1897.

Los hilos

Mucho se comentó la repentina «zambullida» de un hombre tan joven, festejado, rico, e ilustre como Jorge Afán de Rivera. En la flor de sus años, Jorge, tipo de sociabilidad entre los vagos de Madrid, se retiró a una finca que poseía en lo más selvático y bronco de los montes de Extremadura, negándose a ver a nadie, a recibir a ningún amigo, a abrir cartas y telegramas y viviendo sin más compañía que la de algunos servidores, gañanes y pastores, que atendían al cuidado de la casa y del ganado, pero a quienes solo por indispensable necesidad admitía el amo a su presencia.

Repito que se hicieron mil comentarios sobre el acceso de misantropía de Jorge. Quién lo atribuyó a desengaños amorosos; quién, a pérdidas al juego; quién, al descubrimiento de trágicas historias de familia... Los íntimos de Jorge —que éramos Paco Beltrán y yo— nos reíamos al oír tales hipótesis. Ni Jorge había sufrido desengaño alguno, ni sabíamos que amase de veras a ninguna mujer: sus aventuras eran cosa pasajera, sin consecuencias. Todavía menos jugador que enamorado: no tocaba una carta y le aburría la Bolsa. En cuanto a historias de familia, mi padre, que había sido constante amigo del suyo, aseguraba que no era posible en tan honrado hogar ningún misterio bochornoso. Por suponer algo, supusimos que Jorge padecía uno de esos males del alma que no tienen nombre conocido, y así pueden impulsar al suicidio como al claustro o al manicomio. Jorge quería ser ermitaño laico... Ya se cansaría de vivir entre fieras y volvería al mundo, a divertirse por todo lo alto, como en sus buenos tiempos...

Y con esa esperanza íbamos olvidando suavemente al amigo, cuando recibimos un urgente telegrama, una nueva terrible. Cazando por los breñales se le había disparado la escopeta a Jorge Afán, había recibido el plomo en el vientre y se hallaba expirante.

Beltrán y yo salimos en el primer tren, y solo llegamos a tiempo de recoger el último suspiro del desdichado, pero no de oír su voz, pues se encontraba tan a punto de muerte, que tal vez no se dio cuenta de que éramos nosotros, llamados por él, los que apretábamos su mano. Por mutuo convenio nos declaramos los amos allí, para evitar desmanes de servidores y hacer dignos funerales al amigo muerto.

La noche que precedió a su entierro y mientras le velábamos, volvimos a comentar el extraño destino de aquel hombre que voluntariamente había truncado su existencia social; y Paco sacando del bolsillo una llavecita dorada, dijo con alterada voz, señalando a un mueble antiguo, con ricos herrajes, perdido en un rincón del vasto aposento:

—En ese mueble debe encerrarse el secreto de Jorge, porque esta llave que le encontramos en el cuello, pendiente de una cinta, al amortajarle, es la que abre el bargueño.

La tentación era demasiado fuerte para nuestra curiosidad, y, entendiéndonos de una ojeada, nos decidimos a usar la llave. Cayó la cubierta, dejando ver la graciosa cajonería dorada y las columnitas del templete, y encontramos los cajones llenos de frioleras sin valor, hasta acertar con uno que encerraba un manuscrito de letra de Jorge. Nos apoderamos del tesoro, y lo desciframos a la luz de las velas que alumbraban el cadáver... Era extenso; pero lo resumiré en pocos renglones, a fin de que el lector conozca la singular alucinación de aquel desventurado amigo nuestro:

«Maldigo —viene a decir en sustancia la confesión de Jorge— la curiosidad que me impulsó a asistir a algunas sesiones de espiritismo y sugestión hipnótica en casa de Mirovitch, el secretario de la Embajada rusa. No es que llegase a prestar fe a tales historias; antes por el contrario, me parecieron casi todas ellas patrañas y mojigangas buenas para chiquillos; pero, sin duda, la excitación que tales jugueteos con el mundo invisible causaron en mi sistema nervioso fue honda y funesta: sin duda vibraron en mí cuerdas desconocidas y muy sensibles, pues desde entonces comencé a advertir un fenómeno que no sé si existe tan solo en mi imaginación exaltada, o tiene alguna correspondencia con la realidad, y se debe a causas físicas que ignoramos aún, pero que la ciencia estudiará y demostrará en los siglos venideros.

Es el caso que al día siguiente de la última sesión —en que Mirovitch, fijando en mí tenazmente sus ojos verde esmeralda, había intentado dormirme— fue cuando sentí el primer ataque del padecimiento; fue cuando empecé a ver «los hilos», los horribles hilos que forman la misteriosa tela donde mi alma agoniza. Intentaré explicar lo que son estos hilos, para que si alguien lee después de mi muerte mi confesión, comprenda que yo no estaba loco, sino a lo sumo alucinado: que fui víctima de una morbosa perturbación de los sentidos, pero que mi razón supo interpretar mis visiones.

Sucedió que al otro día de la sesión espiritista, ya aburrido de tales farsas y resuelto a no tomar más parte en ellas, me fui al Real, donde cantaban Hugonotes. Había un lleno, y estaban allí todas mis relaciones: todas las mujeres que, afables y expresivas, me saludaban con dulces sonrisas, todos los hombres me apretaban la mano afectuosamente. Recorrí con los gemelos butacas y palcos. A tiempo que dirigía los cristales al rostro de la condesa de Saravia, bella dama a quien yo trataba mucho y respetaba más, por su intachable reputación y la dignidad de su porte, distinguí, ¡Jesús me valga!, el primer hilo. Era —me acuerdo bien— rojo, como abrasadora llama y salía del corazón de la señora, yendo, después de flotar y culebrear en el aire, a enroscarse sutilmente en el cuerpo de Tresmes, el galanteador más perdido de la corte. Al pronto no entendí la significación del maldito hilo. Froté con el pañuelo los vidrios de los gemelos y me froté después los ojos. No cabía duda, el hilo ardentísimo iba de la intachable esposa a buscar al galán impuro.

Persuadido de que estaba malo de la vista, torcí los gemelos y encontré la carita angelical de Chuchú Cárdenas, una de esas criaturas de dieciséis años que perecen desprendidas de un lienzo murillesco, un rostro matizado por el rubor y aureolado por la candidez virginal..., y vi, sin que cupiese duda, otro hilo dorado que salía de su ebúrnea frente y se deslizaba hasta las butacas para introducirse en el bolsillo del opulento negociante Rondón, calvo como una bola de billar, gordo y colorado como un pavo, por más señas...

Varié de objetivo con repugnancia; pero fue inútil; dondequiera que me volviese, la atmósfera del teatro se poblaba de hilos que flotaban en todas direcciones, y la lucerna de cristal, fija en medio, me parecía, con más razón que nunca, enorme araña pronta a saltar sobre la presa. Vi un hilo negrísimo, de odio y traición, que iba del político X••• a su jefe natural y gran protector Z•••; un hilo verde, asqueroso, de la recién casada Eloísa D••• a la decrépita persona del general N•••; un doble hilo oscuro, de envidia mortal, que recíprocamente se enviaban las dos amigas A••• y B•••; un hilo sombrío, de fúnebre aspecto, del mozo H••• a su padre R•••, que no acababa de morirse y dejarle su codiciada herencia... Y yo veía tenazmente los hilos, invisibles para todos, y sentía espesarse la tela oscura y polvorienta que me rodeaba, y crecer hasta el paroxismo mi angustia y mi horror, que me oprimía el espíritu. Allí se patentizaban los bajos apetitos, las vilezas, las miserias de nuestra condición, reveladas por los hilos infames, de concupiscencia, de codicia, de dolo, de maldad, de instintos homicidas... Y como el fenómeno se repitiese las noches siguientes; temiendo que de las personas a quienes creía yo inspirar algún efecto puro y generoso saliesen también hacia mí los hilos, resolví de pronto recogerme a la soledad más completa y poder, con tal arbitrio, conservar algunas ilusiones, sin las cuales no cabe vivir, a no ser en el infierno.»

Al terminar la lectura del manuscrito que he resumido brevemente, Paco Beltrán y yo nos miramos despacio, estremecidos, y luego nos volvimos a contemplar la faz del muerto, serena, afilada ya por la nariz, con esa palidez de cera que presta tanta majestad a las caras de los que emprendieron el gran viaje.

—¿Crees tú que estaba loco? —me pregunto Beltrán.

—Loco lúcido —respondí, pasándome la mano por la frente y enrollando el manuscrito para guardarlo.

Posesión

El fraile dominico encargado de exhortar a la mujer poseída del demonio, para que no subiese a la hoguera en estado de impenitencia final, sintió, aunque tan acostumbrado a espectáculos dolorosos, una impresión de lástima cuando al entrar en el calabozo divisó, a la escasa luz que penetraba por un ventanillo enrejado y lleno de telarañas, a la rea.

Escuálida y vestida de sucios harapos, reclinada sobre el miserable jergón que le servía de cama, y con el codo apoyado en un banquillo de madera, la endemoniada, que se había llamado en el siglo Dorotea de Guzmán, que había sido orgullo de una hidalga familia, alegría de una casa, gala y ornato de las fiestas, parecía un espectro, una de esas mendigas que a la puerta de los conventos presentaban la escudilla de barro para recibir la bazofia de limosna. Su estado de demacración era tal, que a pesar de verse por los desgarrones del mísero jubón las formas de su seno, el dominico, que era un asceta y solía luchar con tentaciones crueles, no sintió turbación ni rubor, y solo la piedad, la dulce y santa piedad, le impulsó a ofrecer a Dorotea amplio pañuelo de hierbas, y a decir benignamente:

—Cúbrase, hermana.

De tanta miseria y abyección tomó pie el fraile para empezar a convencer a Dorotea de que sacudiese el yugo de un amo que así paga a sus fieles servidores. Y mientras la posesa clavaba en el religioso sus grandes pupilas color de humo, donde, de cuando en cuando brillaba fosfórica chispa, él habló copiosamente, con unción y ternura, encareciendo la amorosa efusión de Cristo, que siempre tiene abiertos los brazos para recibir al pecador, la continua intercesión de su Santa Madre, la infinita misericordia del Criador, que solo nos pide un instante de contrición para borrar todos nuestros delitos. Mas no tardó en advertir el dominico que la sentenciada le oía con salvaje insensibilidad, bajo la cual trepidaba una cólera sorda; y entonces pensó que convendría, para abrir brecha en un alma contaminada por la presencia de Satanás, hablar un lenguaje humano, casi egoísta, buscar palabras que irritasen a la pecadora y la forzasen a una discusión, en que saldría vencedor el dominico.

—Dorotea —dijo, tuteándola con violencia y enojo—, mira que ya pronto comparecerás ante ese Dios que va a pedirte cuenta de tus actos, y que a una vida de sufrimientos pasajeros seguirá otra de suplicios perdurables. Un paso, un segundo, es el tránsito a la eternidad, y esa eternidad es fuego, no como el de aquí, que causa la muerte, y con la muerte trae el descanso, sino interminable, horrendo, continuo, que renueva las carnes para volverlas a tostar y recuaja los huesos para calcinarlos otra vez. Pobre oveja que has seguido al hediondo macho cabrío, ahí tienes lo que te espera. ¿No te avergüenzas de ser esclava del demonio? ¿No lloras al menos tu esclavitud?

La endemoniada seguía guardando el mismo hosco silencio; pero, de pronto, se estremeció. Era que el dominico, enternecido por sus propias palabras, había dejado asomar a sus ojos humedad de llanto; y la mujer, conmovida, tal vez a su pesar por aquel indicio inequívoco de conmiseración, dijo sombríamente:

—Yo no puedo llorar. Lo primero que hizo mi dueño y señor Satanás fue quitarme las lágrimas de las pupilas y el calor de los miembros. Toca y verás.

Y alargando una mano, rozó la del dominico, que retrocedió espantado de la glacial, de la mortuoria frigidez de aquella piel que creía abrasada por la fiebre.

—No me compadezcas —añadió orgullosamente—. La sensibilidad y el ardor que faltan por fuera se han refugiado en mi corazón, que es un brasero de llama rabiosa.

—Eso mismo les sucede a los santos —murmuró el dominico con angustioso afán—. Que ese fuego no se apague; pero purifícalo ofreciéndoselo a Jesús.

—No —respondió con energía la endemoniada, cuyo rostro se contrajo y cuyos ojos, donde boqueaba el horno de la escondida hoguera, bizcaron repentinamente con frenético estrabismo.

—Pero ¿por qué, desdichada hermana? Dame una razón, una siquiera. De cuantas sentenciadas me ha tocado exhortar, solo tú has callado, en vez de blasfemar y maldecir. Maldice, que lo prefiero. Ya sé que han sido inútiles los exorcismos, los conjuros, el hisopo, las oraciones, las santas reliquias; ya sé que el demonio no ha salido de ti, porque no quisiste tú que saliese, y como Dios, que ha podido criarte sin tu voluntad, no puedo contra tu voluntad salvarte, el espíritu impuro se alberga aún en tu seno. No he pensado en emplear contra ti la fuerza; te pido y te ruego, si es menester de rodillas, que me des una explicación de tu ceguedad. Eras hermosa y eres horrible; eras dama principal y pudiente, y eres menos que las mujerzuelas de la calle; eras buena y honrada, y eres ludibrio y vergüenza de tu sexo... ¿En qué moneda te paga el maldito? ¿Qué felicidad ignominiosa te da a cambio de todo lo que sacrificas por él?

Crispando los labios y arrancando del pecho un suspiro ronco, respondió la poseída:

—Ya que te empeñas en saberlo, lo sabrás. No creas que en este momento habita en mí el que llamas espíritu maligno. Sufría con los exorcismos y las reliquias y se apartó de mí. Pero sé que volverá, y sé que cuando me achicharren nos vamos a reunir para siempre.

—¡Qué horror! —exclamó, santiguándose, el dominico.

—Escucha —prosiguió la endemoniada—. No ignoras que en el mundo fui mujer de calidad, ensalzada por linda, respetada por noble, codiciada por rica, aplaudida por discreta. Estas prendas me atrajeron rondadores y galanes; pero ninguno supo hacer que yo pagase sus finezas. Pasaron por delante de mis rejas o de mi estrado y los desdeñé, porque mi alma, que se remontaba muy alto, aspiraba, secretamente, a algo más grande, a un príncipe, a un monarca, a un ser extraordinario, desconocido y superior. Sucedió que una prima hermana mía, que acababa de vestir el sayal de las carmelitas y a quien yo solía visitar en su reja, comenzó a hablarme exaltadamente de sus nupcias con Jesús, de los éxtasis y deliquios que gozaba en brazos de su celestial Esposo y de lo despreciables que parecen, en cotejo de tan divinos regalos, los amoríos y las aventuras de la tierra. Estos coloquios me trastornaron y emprendí una vida de devoción y de mortificaciones que hizo creer a todos, y a mí la primera, que sentía una vocación monástica firme e irresistible. Mientras tanto, en mi interior yo me despedazaba de congoja, de inquietud y de tedio, y un día, en un arranque de sinceridad, dije a mi prima la monja: «Ya no te envidio. Soy demasiado altanera para envidiar un Esposo que con infinitas esposas habrás de repartir. Ahora mismo, en centenares de claustros y en miles de celdas, tu desposado visita a otras mujeres. Desprecio lo que no es solo mío.»

—¡Diabólica soberbia! —gimió el fraile—. ¡Era el tentador quien te sugería esa locura!

—Aquella noche —prosiguió Dorotea—, estando yo a punto de recogerme y habiendo soltado ya de la redecilla la mata de pelo, he aquí que se me aparece...

—¿Un monstruo horrendo?

—Un mancebo pálido y triste, pero hermoso, muy hermoso.
—¿Con olor a azufre? ¿Con pezuña hendida?
—No; con un cerco de luz rojiza alrededor de la rizada melena rubia.
—¡Virgen santa! Era, sin duda, un íncubo.
—¿Un íncubo? —repitió, sorprendida, Dorotea.
—Así llamamos al demonio cuando toma bella forma de varón para manchar y escarnecer a una mujer desdichada como tú.
—No se trata de escarnecer ni de manchar, pues el aparecido y yo entretuvimos la noche conversando castamente. Refirióme su historia punto por punto, y supe que era un gran príncipe, arrojado de los reinos de su padre por un instante de rebeldía, y que mientras a su padre todos le ensalzan y pronuncian su nombre con adoración, del hijo rebelde abominan y maldicen. Cuando supe que nadie le quería, cuando comprendí su desventura inmensa empecé a sentir que le quería yo y a soñar que mi amor le compensase todo cuanto había perdido, hasta los reinos de la gloria. Al amanecer se fue, pero volvió a la noche siguiente, trayendo un botecillo de un ungüento, con el cual me frotó las plantas de los pies y las palmas de las manos, y salí volando por el ventanillo. Cruzamos espacios inmensos, y abatiéndonos a tierra entramos en unas cuevas muy profundas, abiertas en el seno de altas montañas, y cuyo techo parecía de diamantes. Allí se apiñaba una muchedumbre inmensa, que reconocía la autoridad de mi señor, y bullía al pie de su trono una hueste de mujeres hermosísimas, cortesanas, reinas o diosas, desde la rubia Venus y la morena Cleopatra hasta la insaciable Mesalina y la suicida Lucrecia. Y como yo sintiese en el corazón la mordedura de los celos vi que las apartaba indiferente, sin mirarlas, y oí que decía: «No temas; yo no soy como el «Otro», yo no me reparto... Te pertenezco, Dorotea, pero tu también me perteneces a mí en vida y muerte». Cada noche, al dar las doce, le esperé y le acompañé, y fui venturosa.
—¡No llames ventura a las infames torpezas en que te encenegaba el enemigo de Dios! —protestó el dominico.
—¡Si no he cometido torpeza alguna! —respondió altivamente Dorotea—. Lo primero en que convinimos él y yo fue en que nuestro cariño sería el de dos espíritus, y mantuvimos el pacto. Mi señor tuvo a menos sujetarme con las cadenas de la materia, y cifró su orgullo en poseer mi alma, y nada más que mi

alma, por voluntad mía. Mil veces me ha repetido que gracias a mí, puede alabarse de un triunfo que solo a Dios parecía reservado: el de ser querido espiritualmente, sin mancha de concupiscencia. En cambio, yo sé que no tengo rivales, y que soy el único bien de mi señor. Nada me importa el vilipendio ni el tormento que me han dado. La muerte, la deseo. Cuanto antes enciendan el brasero para mí, más pronto me reuniré con «él».
Y volviendo la espalda al fraile, la posesa ocultó el rostro en la esquina de la pared resuelta a no decir otra palabra.
Cuando salió el dominico de la prisión de la relapsa empedernida, sollozó, besando el Crucifijo pendiente de su grueso rosario:
—¡Cómo permites, Jesús mío, que te parodie Satanás!
El Imparcial, 13 mayo de 1895.

La lógica

Justino Guijarro es digno de que le consagre una mención la historia individual, que llaman los profanos literatura novelesca. Aunque el drama de la existencia de Justino Guijarro no haya obtenido la fama que merece, a título de caso significativo y curioso, los que le conocimos y recibimos sus últimas revelaciones en momentos terribles no debemos dejar sepultada en el olvido la memoria de hombre tan extraordinario.

Ante todo, sepan las generaciones venideras que Justino Guijarro murió en el patíbulo. No vayan a suponer (apresurémonos a decirlo) que Justino fue en el mundo de los vivos algún malhechor de oficio, algún capitán de gavilla. No vayan a confundirle tampoco con los que asaltan casas para saquearlas, o dejan seco a un prójimo para apoderarse de su cartera, repleta de billetes de Banco. Ni menos le identifiquen con esos energúmenos poseídos de instinto brutal que estrangulan a una mujer por celos o porque los desdeñó. A Justino nunca le dominaron furiosas concupiscencias ni bajas codicias; como que vivió entregado al estudio, a la meditación, chapuzado y sumergido en los insondables lagos del pensamiento y colando por finísimo tamiz las ideas, que otros menos cavilosos se tragan sin mascar. Distinguióse, además, Justino por su religiosidad exacerbada, de la cual, piense lo que quiera el lector, habrá de reconocer que es demostración elocuente lo que va a saber recorriendo estas páginas, donde descubro el secreto de un alma singular, única tal vez.

Justino había nacido con el cráneo puntiagudo, angosto, indicación exterior de lo elevado de sus especulaciones y lo espiritual de su modo de ser. Desde niño discurrió tan estricta y ajustadamente, que sus raciocinios eran cuñas hincadas en el cerebro. Perseguía hasta sus últimos términos las consecuencias de una premisa, y ¡ay! del que discutiendo le concediese lo mínimo; una leve concesión proporcionaba a Guijarro argumentos irrefutables con que apurar a su adversario y rendirle por fin. Se le temía; nadie quería medirse con él, y dijérase que en él revivían aquellos escolásticos de la Edad Media, capaces de partir en cuatro un cabello de mujer rubia.

Con el propio método que aplicaba a las cuestiones intelectuales resolvía Justino los problemas de la vida práctica; empresa doblemente peliaguda, pues nadie ignora que esta pícara vida que padecemos es compleja, sinuosa y contradictoria a veces como ella sola, sin que se pueda evitar, y el más terne e inflexible de los pensadores se ve obligado, ya que no a caer siete veces al día, por lo menos a transigir setenta con las circunstancias. Justino, sin embargo, no entendiendo de transacciones, optaba por tener setenta choques diarios y pasar otras tantas veces por necio e insufrible; el mundo es tal, que no concibe que nadie siga la línea recta, así conduzca al precipicio. Los disgustos que Justino sufría debieron de contribuir no poco a exaltar su grande ánimo y a sugerirle las extrañas resoluciones que pronto se verán.

Era casado Justino; su lógica religiosa le había inducido al matrimonio desde los primeros años de la juventud. Muchos tardó en tener sucesión; pero al cabo se notaron en la esposa de Justino señales inequívocas de que se aproximaba un feliz acontecimiento, y nació un chico precioso, frescachón y robusto, de ésos que envanecen a los padres.

No obstante, Justino, en vez de complacerse y regocijarse con su paternidad, dio en ponerse mohíno y melancólico. Cada vez que le presentaban el chico, que la madre, entusiasmada, le subía hasta los labios del padre para que le estampara un beso, el rostro de Justino se contraía, y sus ojos, nublados por la meditación, despedían una luz triste y lúgubre...

—Al ver a mi hijo —traslado aquí las propias palabras del ínclito pensador desconocido, cuya historia voy narrando—, yo no podía sentir lo que siente el vulgo de los padres; un goce pueril y meramente instintivo, un impulso animal... Al contrario: un mundo de reflexiones acudía a mi mente; su peso me abrumaba y me confundía. La responsabilidad que gravitaba sobre mí era incalculable, inmensa; en mis manos, a mi cargo, tenía el porvenir de un hombre, de un ser racional. Al hablar de «porvenir», comprenderá usted, conociéndome ya por mis confesiones, que no me refiero al «porvenir» tal cual lo entienden los otros padres, y que solo abarca los días de una existencia transitoria. Dinero, honores, posición, salud... ¡Qué son esos bienes de un minuto para quien ve, con la inteligencia, con la razón, con las potencias superiores, en fin, desarrollarse lentamente la inmensa procesión de los siglos, y considera, en cambio de los espasmos de un vértigo sublime, el horizonte infinito de la eternidad!

El cuerpo de mi hijo, montón de carne blanca y sonrosada, no existía para mí o, si existía, no tenía valor alguno; pero ¡su alma, su alma inmortal, destello divino comunicado a la materia! «Salva su alma —me decía a cada instante la voz cristalina de la «Lógica», mi maestra y consejera infalible—. Salva su alma, evítale el pecado, ábrele de par en par las puertas de oro del Cielo». Y para salvar su alma yo no tenía más remedio que uno, y, después de largo combate conmigo mismo, lo puse en práctica. Cierta noche, mientras la madre dormía rendida de cansancio de haber dado el pecho, me acerqué a la cuna de mi hijo, dormido también; eché sobre su carita el embozo de la sábana; luego, las dos almohadas; apoyé las palmas de las manos con toda mi fuerza... y me sostuve así hasta que... hasta que lo salvé, enviándole a gozar la eterna bienaventuranza.

La muerte de mi hijo —prosiguió Justino después de una pausa profunda— se atribuyó a causas naturales. Pero yo quedé a vueltas con el problema no menos grave, que era el de mi propia salvación. La «Lógica» me decía que si salvaba a otro, por razones de mayor cuantía estaba en el caso de salvarme a mí mismo, puesto que la salvación es el fin supremo a que deben encaminarse nuestros pasos en la tierra. Al salvar a mi hijo había cargado mi conciencia sin poderlo evitar, con un pecado: convenía expiarlo; todo esto era lógico y más lógico aún que si la muerte me cogía de sorpresa, mal preparado, marraba el negocio de mi alma, el solo negocio importante.

Necesitaba, pues, dos cosas: hacer penitencia en esta vida y saber a punto cierto cuál había de ser el instante de mi muerte, para encontrarme prevenido y dispuesto. No valía suicidarse; el que se suicida no muere en gracia. Era preciso discurrir otra combinación y, lógicamente, encontré una luminosísima. Esperé el momento en que mi esposa muy afligida desde el fallecimiento del niño, regresaba de la iglesia, donde había confesado y comulgado, y aprovechando la buena disposición en que se encontraba y el instante en que se inclinaba para desabrocharse las botas, di sobre ella armado de un cuchillo de cocina, y de la primera puñalada... la salvé. Cuando expiró, cubierto de su sangre, me presenté a la Justicia. Mi parricidio (así lo llamaron) era según decían, patente y horrible; fui sentenciado a morir, y en los largos días de la prisión tuve tiempo para hacer mortificaciones, ponerme a bien con Dios (lo espero) y arreglar todos mis asuntos de conciencia de tal suerte, que, al ofrecer el cuello a la argolla expiatoria, llevaré lógicamente noventa y nueve probabilidades contra una de salvarme también...

Lo único que me confunde, lo único que ha turbado mi espíritu, ya casi sumergido en la contemplación de lo ultraterrenal, es que el sacerdote que viene a

consolarme en esta capilla, en vez de alabar la lógica de mi conducta, parece persuadido de que no hice sino atrocidades... Verdad que es un pobre cura de misa y olla, y temo que por falta de cultura y preparación filosófica no comprenda la alteza de mi concepción, el admirable equilibrio de mis actos... En vano le repito hasta la saciedad un argumento irrefutable. Pecado fue matar a mi mujer y a mi niño: lo conozco y lo deploro; mas si todos somos pecadores, y yo no podía jactarme de haber vivido sin pecar, a lo menos mis pecados son de tal naturaleza, que han abierto el paraíso a los dos seres que más amé, y probablemente a mí me lo abrirá mi expiación... El cura, hombre sencillo y limitado, cuando le presento esta conclusión agudísima no responde sino meneando la cabeza y murmurando ciertas frases que considero ilógicas a todas luces; por ejemplo: «La misericordia de Dios alcanza a los malvados, y con más razón a los ilusos y a los maniáticos y dementes. Déjese de lógicas, y rece y llore, y arrepiéntase cuanto pueda.»
El Imparcial, 6 diciembre 1897.

El aviso

—No desconfiemos nunca —decía el padre Baltar, curtido ya en las lides del confesionario—, no desconfiemos nunca de la salvación de un alma, porque sería desconfiar también, ¡qué horror y qué absurdo! de la inefable Misericordia. ¿No han oído ustedes de unos granitos de trigo que se encontraron en el fondo de las Pirámides, allá en la cámara sepulcral de los Faraones, donde al parecer solo existía la lobreguez de la muerte? Pues alguien que pasó por loco sembró ese trigo, y el grano, con sus dos mil años de fecha, germinó, echó espiguita y de aquella espiguita pudo amasarse una hogaza de pan. ¿Qué digo «pan»? ¡Se pudo amasar «una hostia», el cuerpo de Cristo sacramentado! Si los que registramos las tinieblas de las almas, que a veces son cámaras sepulcrales con hedor de muerte, dejásemos apagarse la lámpara de la esperanza, ¿qué haríamos?... ¡Sentarnos a llorar en las tinieblas! Voy a referirles a ustedes —prosiguió— un sucedido, que puedo contar porque no lo aprendí en los dominios del sigilo absoluto, o sea en la confesión. El mismo protagonista de la historia se la confió a algún amigo, y aunque no hemos de considerarla pública, tampoco es hoy ningún secreto.

Era el héroe, a quien llamaré Román, un hombre como hay bastantes en la sociedad contemporánea; cristiano y católico, y hasta sincero creyente, pero indócil a la regla y a la ley y tomando por letra muerta los preceptos establecidos para vivificar las almas. No desacataba los mandamientos de la Iglesia; preciábase, al contrario, de observarlos; pero hacía mangas y capirotes de los de la ley de Dios; como aquí todos somos gente formal, no repararé en decir que el capítulo en que Román se creía más exento de obligación era el de las mujeres. Este error es comunísimo, y no contribuye poco a sostener la anemia y la miseria fisiológica de las generaciones actuales. La pureza de costumbres es un tónico, y el pueblo que sabe conservarla, conserva también la virilidad y la salud. Ya ven ustedes que prescindo del aspecto religioso y moral de la cuestión y solo miro el social. Es para mí motivo de gran sorpresa el ver que hoy, con tanto como se invoca la higiene y se procura la robustez corporal, se erige en axioma que todo es lícito en ciertas materias, y las restricciones, antiguallas y ridiculeces deben caer en desuso. Suprimir la responsabilidad; desatar el apetito; cubrirlo todo con el manto de la risa; transformar el mundo civilizado en bosque donde el cazador acecha la caza, ¿qué es sino retroceder al estado de barbarie? No me extraña el retroceso en los ateos y en los impíos, que van a él por la fuerza de la necesidad moral; pero me duele que almas como la de Román, a pesar de continuas amonestaciones allí donde no hablamos nosotros sino Jesucristo en persona, a pesar de la medicina, recaigan siempre, desdeñando parte de la ley como se desdeña un texto viejo y arrinconado.

Viniendo a la historia —continuó el padre reponiéndose de una involuntaria emoción—, diré a ustedes que Román, acérrimo defensor de una causa política siempre vencida, guerrillero varias veces, se había visto en trances apuradísimos, y en la última guerra civil, encontrándose rodeado de enemigos, herido y perdiendo sangre, debió la vida a un indomable veterano, el general Andueta, que, con riesgo de la suya, le acorrió. Cuidóle después en la ambulancia, le escogió para ayudante, y tratada la paz, le proporcionó medios de que viviese en Madrid con algún decoro. Retirado hacía años Andueta con su familia en una aldea de los Pirineos, enfermo y acribillado de mal cerradas cicatrices, Román casi no sabía de él, pero conservaba el culto de su recuerdo, y a veces me daba una misita de a duro «por la salud y la dicha del general Andueta, marqués de la Real Confianza». Entro en estos pormenores para que vean ustedes si tenía chispa de incrédulo Román. ¡De incrédulo! Tanto como de ingrato... Las misas las ayudaba él en persona.

Indiferente por naturaleza al lucro, siempre apurado de dinero, vivía Román en una modesta casa de huéspedes de la calle de Atocha, con las incomodidades y estrecheces propias de tales alojamientos. Era el verano, tiempo en que Madrid se despuebla, y solo tres huéspedes albergaba la posada: un burgalés venido a despertar cierto expediente; Román, que era fijo, y una señorita como de diecinueve años, silenciosa, triste, vestida pobremente, de riguroso luto. El humor franco y comunicativo de Román no bastaba para animar la mesa redonda; pero a pocos días marchóse el burgalés y quedaron solos Román y la señorita, comiendo y almorzando juntos. No sería Román el que era, no tendría el criterio que tenía si no juzgase ridículo verse mano a mano con una mujer joven y agraciada y no ponerle, como suele decirse, los puntos. No sentía por ella pasión, ni aun el capricho tenaz que la remeda; no le quitaba el sueño por ningún estilo la enlutada a Román; pero la encontraba allí, y era suficiente. Informóse de la pupilera, y averiguó que la señorita se llamaba María Mestre; que era huérfana; que venía muy recomendada de unas monjas de Pamplona a buscar colocación en alguna casa rica para acompañar señoritas o cuidar de los niños; que se dudaba que la encontrase, ni aun a la entrada del invierno, porque para tales oficios solo gustan las extranjeras, las gringas; y que doña Micaela, la susodicha patrona, le aconsejaba que bajase los humos y entrase de doncella, único medio de saldar la cuenta del hospedaje, que iba engrosando.

Semejantes noticias, lejos de purificar la intención de Román respecto a la pobre muchacha, la inflamaron con el torpe incentivo de la fácil ocasión. No formó ningún plan, sino que se dejó llevar de la corriente, y la estrategia se la dictaron los acontecimientos. Empezó prodigando a María mil atenciones en la mesa, y la muchacha comenzó a deponer su reserva y mutismo. Estas cosas se enredan como los gajos de cereza; de dar gracias y decir sí y no, se pasa a dialogar, de dialogar a platicar; de aquí a la sobremesa larga y a celebrar ocurrencias y chistes, luego al contento de estar juntos, a aceptar un paseíto a la hora en que refresca, en la jardinera tranvía; más tarde, una taza de chocolate o un vaso de horchata de chufas; después la excursión de noche, a pie, hacia las arboledas de la Florida o del Depósito de Aguas... Finalmente, llegó Román a requerirla de amores y ella a dejarse requerir, pues la afición ya tenía raíces en el pensamiento. Suprimo —advirtió con dignidad el sacerdote— los detalles de ésta que bien puede llamarse seducción, porque ni debo puntualizarlos ni hay quien no los advine. Aunque María, inexperta y abandonada, quiso defenderse, no lo hizo con la resolución necesaria, y hubo un día en que Román la combatió de tal suerte que pudo dar por hecho que aquella misma noche conseguiría su vergonzoso triunfo. Quedaron citados, y Román, agitado e intranquilo sin saber por qué, se echó a la calle con ánimo de entretener las horas que faltaban.

Hacía un calor bochornoso; el celaje madrileño estaba color de plomo y púrpura, como el del célebre boceto de Goya, y la tempestad amagaba con rápidas exhalaciones, que por momentos rasgaban con luz sulfúrea las nubes. Román iba al azar, callejeando, distraído y absorto, sin reflexionar en qué; cuando dentro de la lógica del pecado debía hallarse gozoso, en realidad sentía una especie de angustia. La costumbre le trajo a las puertas de la iglesia donde yo celebraba entonces y donde muchas veces me había servido de acólito, vio

que entraba gentío y entró también por instinto o pensando tal vez que un acto de devoción atenuaba la gravedad del delito ya inminente... La iglesia estaba iluminada por cientos de cirios; el altar mayor adornado con flores; revestidas de colgaduras de damasco encarnado las paredes; era el último día de una solemne novena, y había manifiesto, gozos, reserva y plática.
—¿Predicaba usted? —exclamamos interrumpiendo al padre Baltar.
—Creo que sí —contestó, algo cortado—; pero no me atribuyan ustedes mérito ninguno, porque cuando Román entró en la iglesia, el sermón había concluido e iban a reservar. ¡El único predicador que da en mitad del corazón es Cristo! Román fijó la mirada en el Sagrario, y al reflejo de los cirios, conservando tal vez en la pupila el color de las nubes o el tono de las cortinas, vio que la Sagrada Forma no era blanca, sino roja, de un rojo intenso, ¡rojo de sangre! Espantado se abrió camino entre la multitud, y salió a la calle, y halló el cielo no ya encarnado a trechos, sino incendiado todo él, como una hoguera; y volviendo a entrar en el templo, se arrodilló, sollozó, y solo cuando salió el último fiel y comprendió que se iba a cerrar tomó lentamente el rumbo de su posada...
¿Creerán ustedes que iba arrepentido, que iba resuelto a quitarse del peligro y del pecado?... ¡Ojalá! No por cierto. Sería no conocer la psicología de hombres como Román. Iba a la manera del esquife cuando una ola lo sube y otra lo baja, y, sin embargo, poco a poco se acerca al abismo. Al ascender por la escalera de la casa de huéspedes, ya casi había desechado el temor, y las lágrimas de atrición se habían secado en sus ojos... Entró en el comedor con la fiebre de la culpable esperanza, con el vértigo de una ilusión que viste de flores cuanto toca... Allí debía esperarle María. Y allí le esperaba, en efecto; pero con ella, en íntimo coloquio, se encontraba también un mozo de veinte años, de riguroso luto igualmente y tan parecido a María, que el más ciego los tuviera por hermanos. Al entrar Román se levantó el enlutado mozo y le tendió una carta, y como Román le mirase sorprendido, dijo cortés y tristemente:
—Es de su amigo de usted, del general Andueta.
—¡Del general Andueta! —repitió, aturdido y sin comprender, Román.
—Soy su hijo... Ésta es mi hermana —explicó con afabilidad el muchacho—. Aquí usaba el nombre de mamá porque ya ve usted..., teniendo que ponerse a servir..., un apellido tan famoso como el de Andueta... No diga usted nada a

nadie, que yo también vengo con ánimo de trabajar, y me da fatiga. Seremos Mestre hasta que Dios...

—Pero mi general..., su padre de usted... —tartamudeó Román, que temblaba con todo su cuerpo y hasta con su alma.

—Ha subido al cielo... —pronunció el mozo con solemnidad—. Escribió esta carta muy poco antes de morir, para recomendarme a usted..., porque decía que era usted su mejor amigo, su otro hijo, y que era usted muy bueno..., ¡muy bueno! En usted confiamos, pues...

—Y de esta vez, ¿se dio Román por avisado? —preguntamos al padre Baltar.

—Tan avisado..., que aquella misma noche se mudó a otra posada, y al año se casó con María... ¡Un matrimonio ejemplar!

—¡El granito de trigo! —exclamamos satisfechos.

Blanco y Negro, núm. 298, 1897.

Sequía

El ilustre sabio Marín Pujol vivía persuadido de que su existencia era sumamente útil a la Humanidad. Esta persuasión siempre es grata, siempre contribuye a que nos reclinemos satisfechos en la almohada, y a que la comida siente bien. Marín Pujol, en nombre de la ciencia, se reconocía digno de los encomios de sus admiradores y de las distinciones del Gobierno.

Esta ciencia de Marín Pujol no hay que decir que era la legítima, la auténtica, la que solo admite por base del conocimiento el hecho y el dato experimental. Fuera de los hechos y los datos, todo vana palabrería, afirmaciones gratuitas, castillos en el aire y quimeras forjadas para engañar a la pobre gente incauta y crédula. De la teología, ni aun se tomaba el trabajo de hablar Marín Pujol; y profesaba tirria mayor a la metafísica, que calificaba de paparrucha insigne. Como Marín Pujol era frío y flemático, no se indignaba abiertamente con los que incurrían en la debilidad de filosofar y de inquirir si en el mundo hay algo más que aparentes evoluciones de una quisicosa llamada fuerza al través de la materia; pero inspirábanle los ilusos tranquilo desprecio y los consideraba cerebros endebles y sin jugo, algo que, intelectualmente, es análogo al niño o a la mujer. Ciertas declamaciones de ciertos individuos contra el materialismo y el positivismo, declamaciones que Marín Pujol graduaba, probablemente no sin razón, de alharacas hipócritas, habían afianzado el desdén en su espíritu y remachado en sus labios la negación helada y serena.

Acostumbraba el sabio salir al campo los domingos para disfrutar del buen olor de las carrascas y tomillares, y hacer su poquillo de geología. Unas veces iba enteramente solo; otras, acompañado de tres amigos de su mismo humor y aficiones. No les brindaba grandes atractivos la escueta Naturaleza castellana, y, realmente, estas excursiones eran un medio de contrarrestar la pésima influencia de una semana entera pasada en el gabinete, en el laboratorio o en la clínica, leyendo, estudiando y calentándose los cascos. En aquellos días de asueto les entraban a los sabios arrechuchos de gozo y de pueril travesura, ocasionados por el Sol, el aire libre y puro, los incidentes del corto viaje, el hambre canina que se despertaba en sus fatigados estómagos y el placer de una refacción sazonada por la mejor de las salsas, la muy célebre de San Bernardo. Y era para ellos fiesta verdadera, aunque ninguno oyese misa, la excursioncilla barata, reanimadora y casi inútil, dígase la verdad, para el adelanto de la ciencia.

Un domingo de marzo, radiante y tibio como si fuese de mayo, salieron por el primer tren Marín Pujol y los tres acostumbrados excursionistas, a saber: Sánchez Abrojo, el médico; Daura, el químico, y Méndez Arcos, el antropólogo. En virtud de especiales razones iban aquel domingo los sabios de mejor talante que nunca. A Marín Pujol acababan de traducirle al sueco su obra predilecta, y tenía en su poder y llevaba en el bolsillo, para enseñarlo y lucirlo, el primer ejemplar. Sánchez Abrojo había realizado una operación dificilísima, algo, dicho profanamente, semejante a calar una cabeza humana lo mismo que quien cala un melón de Añover, y le rebosaba justa satisfacción por todos los poros del cuerpo. Daura creía poseer ya la fórmula definitiva para clarificar el vino, y esperaba de ella gran rendimiento pecuniario; y Méndez Arcos sabía de buena tinta que sus investigaciones y escritos sobre los establecimientos penales iban a ser causa de que se construyese una cárcel primorosa, lo que se llama una cárcel de recreo, con baños, gabinete de lectura y hasta sala de juegos no prohibidos. Sentían, pues, los cuatro expedicionarios profundamente toda la hermosura y benignidad del tiempo, y la idea del almuerzo a la sombra de alguna peña o debajo de una encina, sobre la alfombra de tomillo y cantueso, les dilataba el espíritu.

Bajáronse en una estación extraviada, un solitario apartadero, y emprendieron la caminata comentando festivamente todo lo que veían en el paisaje, que era bien árido y raso como una tabla. Ya distaban pocos kilómetros de un pueblecillo, y hasta divisaban el campanario despuntando en el horizonte, pero no querían acercarse, prefiriendo un cigarro al arrimo de cualquier matorral y descubrir un arroyo, que no faltaría. De repente, a Daura, que siempre se había preocupado de las cuestiones prácticas, se le ocurrió una pregunta: «¿Quién había traído el almuerzo?» Porque en la última expedición se convino que para la próxima le correspondía a Marín Pujol el suministro de víveres... Y Marín Pujol, dando un grito de terror muy cómico, exclamó que estaban perdidos: descuido de avisar al ama de llaves, mala cabeza... Si esperaban comer de lo que él trajese, ya podían hacerse sobre la barriga una cruz. Al pronto, los sabios lo echaron a broma. Así experimentarían el ayuno al traspaso de los primeros cristianos, y se cerciorarían de si Succi era o no era un trapalón.

Pero a la media hora comenzaron a dar punzadas los estómagos y se acordó llegarse en busca de sustento al lugar.

No pasaría éste de unas diez o doce casas, agrupadas alrededor de la escueta y empinada torre de la iglesia. Bajo el Sol ya abrasador, aunque primaveral, el lugar parecía dormido; ni se veía un alma ni se oía una voz; sin duda los moradores estaban labrando las tierras; y ni rastro de mesón, o venta, o cosa que lo valiese. Los sabios empezaban a ponerse asaz carilargos, cuando por la puerta de una corraliza, que cerraba un muro de adobes, vieron asomar medio cuerpo de una mujer muy arrugada y vieja, pero de semblante bondadoso y expresivo, que los miraba con marcado interés. Animado por este precedente, Daura, que ya se caía de necesidad, se resolvió a entrar en la corraliza y decir llanamente a la anciana que él y sus compañeros tenían hambre y que agradecerían de todas veras una cazuela de migas o unas sopas de ajo. Y la vieja, guiñando por la fuerza del Sol sus ojos, del color de los búhos, respondió enfática y solemnemente:

—Adelante; se las daré por amor de Dios.

Miráronse los cuatro sabios: no les había sucedido jamás que por amor de Dios les diesen cosa alguna; verdad que tampoco ellos habían dado un comino por amor de Dios a nadie. Pasaron y se sentaron en el mismo corral, en un banco puesto debajo de una parra sin hojas, pero que entoldaban trozos de pleita raída y sucia. La vieja se metió en la casa, y pronto un olorcillo consolador y refocilante se esparció por la atmósfera, anunciando que en la sartén se doraban las migas. Sin desatender su fritada, la vieja iba y venía, tendiendo un rústico mantel, presentando toscos vasos de vidrio, trayendo agua, vino y un duro y fermentido queso que pareció excelente a nuestros desfallecidos sabios. Lo que les llamaba la atención era que durante estos preparativos, y lo mismo después, cuando sirvió las migas, que estaban diciendo «comedme»..., la vieja contemplaba a sus improvisados huéspedes con amor y entusiasmo, ni disimulado ni reprimido, y parecía caérsele la baba a hilo por la desdentada boca; siendo tan claras y evidentes las señales de gozo, reverencia y satisfacción de aquella infeliz, que en un momento en que ella no estaba presente, Marín Pujol tomó la palabra y dijo a sus socios:

—No puede ser, queridos amigos, sino que esta buena mujer nos ha conocido y sabe perfectamente quiénes somos, dándose cuenta, allá a su manera aldeana y sencilla, de lo que hemos hecho en honor de nuestro siglo y de nuestros semejantes. No estará en pormenores; ignorará, por ejemplo, que mi gran obra sobre La transmisión de la energía acaba de ver la luz en Estocolmo (aquí tengo el ejemplar); no se habrá enterado del reciente triunfo de Sánchez, ni de las útiles investigaciones de Daura, ni de los trabajos valiosos de Méndez...; pero a su modo y por instinto nos adivina, y nos rinde homenaje lo mejor que puede y sabe. Yo creo que la ofenderemos gravemente si le ofrecemos pagar su obsequio en metálico, y que únicamente una atencioncilla delicada, por ejemplo, el envío de otro ejemplar de mi traducción...

Aquí Daura, el más escéptico, soltó carcajada formidable, y como la vieja reapareciese trayendo un plato de avellanas, se encaró con ella, y en campechano tono, le preguntó:

—Madre, ¿sabe usted quiénes somos? ¿Nos recibe bien porque nos conoce?

—Sí, señor —contestó ella, con una sonrisa entre picaresca y dulce, que dilató sus innumerables arrugas—. Sé quién son ustés, y Dios los bendiga —añadió, haciendo ademán de coger, para besarla, la mano de Daura, que la retiró, poniéndose colorado—. Lo explicaré mal... —prosiguió la vieja—; pero ya me entenderán ustés. Ustés son..., a modo así..., de predicaores, amos, y vienen a estos pueblos a decirnos algo de Dios, y de la otra vía, y de la gloria, y de lo que hay que sudar pa ser buenos. ¡Y poco falta que nos hacían ustés! Porque estamos, como el que dice, con el ojo cerrao, y el alma adormecía, hechos unos lilailas. ¡Secos estamos como los terrones allá por la canícula! El cura de este pueblo, la verdá, nunca nos preíca ni nos dice esta boca es mía; despacha su misa en un soplo..., y callao como un mulo siempre. Aquí no hay conventos, ni frailes, ni amparo pa el que quiere tratar la salvación. Por eso, cuando los vi a ustés con esa cara mortificá, y esa ropa negra, y esos libros en la faltriquera..., un brinco me dio la sangre, y dije entre mí: «Alégrate, Niceta, que ahí viene el remedio para la sequía... Misioneros tenemos, y ojalá que caigan en tu casa... «¡Y vean ustés; antes de oírles, solo con verles... ya se me abrieron las fuentes del corazón, y aquí me tienen ustés llorando como una boba!... ¡El Señor los bendiga!

Los sabios tuvieron el buen gusto de no echarse a reír. Daura intentó sacar a la vieja de su engaño, pero no fue creído, y optó por declararse misionero y ofrecer un sermón en plazo breve. A pesar de la improvisada comida y del

día espléndido, regresaron cabizbajos y pensativos al tren de la tarde, y Marín Pujol, tocando a Daura en el codo, señaló la tierra resquebrajada, polvorosa, morena y dura que no revelaba el estremecimiento de la germinación, y dijo reflexivamente:
—Pues mire usted: también yo pienso a veces que padecemos una sequía muy larga.
El Imparcial, 28 enero 1895.

Desde afuera

A la pregunta de Lucio Sagris si habíamos sentido alguna vez el estremecimiento de lo sobrenatural, aquel soplo que en la alta noche hacía erizarse los cabellos de Job, casi todos nosotros respondimos (a fuer de burgueses prosaicos que somos) un «no» risueño. Dos o tres, sin embargo, exclamaron sin titubear que «sí»; y a los restantes, los puso la afirmación meditabundos.

—La impresión de lo sobrenatural —dijo Sagris, enderezándose en la mecedora—, a lo menos para mí, reviste formas variadísimas. No es solo a la cabecera del moribundo, ni al reflejo de los cirios que alumbrarán al muerto, ni en la gruta de Lourdes, ni en alta mar, cuando lo inefable nos roza con sus alas. A veces basta el choque de una mirada, la luz de unos ojos, el movimiento de unos labios al articular palabras solemnes...

Interrumpieron a Sagris las chungas del auditorio, que creyó ver en aquellas frases una alusión al amor y a su peculiar afecto magnético. Al cesar el fuego graneado, Sagris hizo un mohín desdeñoso y un ademán que significaba «atiendan».

—Manía muy común —pronunció así que callamos— la de explicarlo todo por la recíproca atracción sexual. Hay en el mundo otras fuerzas y otras corrientes. Lo más notable de las revelaciones hipnóticas es que han demostrado hasta la evidencia que una persona enteramente desconocida y extraña puede, sin preliminar alguno, modificar profundamente nuestra sensibilidad nerviosa...

—Si es una mujer bonita, vaya si puede —advirtió Tresmes el incorregible.

—¡Bah! —murmuró flemáticamente Sagris—. El italiano Caminetto, con solo fijar en usted las pupilas, le haría caer en sopor muy profundo... No me armen ustedes disputa sobre el hipnotismo; sacaríamos lo que el negro del sermón. El hipnotismo, hoy por hoy, tiene parte de charlatanismo y parte de ciencia, y no vamos aquí a deslindarlas. Que fotografíen efluvios y cuerpos astrales; yo no necesito esas pruebas materiales de la vida del espíritu. El mío, a guisa de balanza sensible, nota el peso más leve; cualquier influencia espiritual lo inclina. ¿Quieren que les confiese hasta qué extremo me dominó la fuerza de una voluntad? Confesión es, porque mucho hubo de pecado en mí, y siempre dura el remordimiento.

La cosa ocurrió siendo yo juez en Pontenova, una villita encantadora, como todas las que bañan las aguas del Miño, sea en la margen española o en la

portuguesa. Debe Pontenova su nombre a un magnífico puente de la época de Carlos III, por el cual suelen pasar el río y refugiarse en Portugal los criminales a quienes persigue la Justicia. Así es que en Pontenova se reconcentra muchas veces la Guardia Civil y los desconocidos de mala traza infunden recelos. El puente se encontrará como a un cuarto de legua de la villa. Estos detalles son necesarios para que ustedes comprendan lo que sigue:
Una tarde, al volver de dar mi acostumbrado paseo, vi a la orilla de la carretera el cuerpo de un hombre, que más que vivo parecía cadáver. Acerquéme y noté que respiraba, y al mismo tiempo, al último rayo rojizo del Sol, advertí la siniestra catadura del que yacía recostado en un montón de guijo. Los andrajos de la ropa, la descalcez de los pies destrozados y envueltos en trapos, la lividez del rostro, lo hirsuto de la barba, el anhelo de la respiración decían a las claras lo que era aquel hombre y por qué se encontraba en el camino de Pontenova. Mi instinto de magistrado se despertó, y pensé: «Un malhechor... Buena caza para mi amigo el teniente Pimentel».
Cuando me acudía tal idea, el hombre abrió los ojos, y vi cruzar por ellos un terror humilde, un miedo de liebre, una súplica elocuentísima. «Ahora eres cristiano y no juez», me gritó dentro una voz piadosa. Y tendiendo la mano al caído, le ofrecía asilo y socorro.
—No tengo más que hambre y cansancio... Hace cincuenta horas que no he probado alimento...
Al oír las palabras, y el acento lastimero que las profería, miré alrededor. La campiña y el camino estaban enteramente solitarios, y a mi casa, situada en las afueras de la población, podríamos llegar sin encontrar a nadie. Levanté como supe al desvalido; le hice apoyarse en mi brazo y, medio arrastra, le llevé hacia las tapias de mi jardín, al cual entraba yo por una puertecilla que daba a un soto. No tropezamos con alma viviente. Introduje a mi protegido en un cuarto bajo donde se guardaban trastos de desecho y, señalándole un sofá, le indiqué que descansase, mientras le traía de comer.
A los diez minutos volví con pan, una botella de jerez, bizcochos, jamón frío, fruta, queso, y me hice el distraído para permitirle devorar ansiosamente, a dentelladas, apurando copa tras copa. Y fue una cosa fulminante: acabar la postrera migaja, escurrir la postrera gota y caer en el viejo sofá, harto, feliz, dormido como una piedra.

Entonces me retiré y subí a mis habitaciones con ánimo de dejarle pasar la noche allí y despertarle a la madrugada, a fin de que cruzase el puente y se salvase. Ni aun se me ocurría reflexionar acerca de lo extraño de la situación, cuando vino a recordarme mis funciones y mis deberes el recado de que una mujer solicitaba hablar con el señor juez en aquel mismo instante. Mandé que entrase, y la claridad de mi lámpara alumbró una figura imponente.

Era, a juzgar por el traje, una aldeana de Castilla. Vestía de luto, y su estatura, ya muy elevada, la aumentaban las negras haldas y el ceñido justillo de estameña. Venía cubierta de polvo; apoyábase en un largo palo, y sus greñas grises se revolvían sobre una frente atezada, sombreando dos ojos de brasa, cuyo mirar me subyugó, como subyuga el de algunos retratos antiguos. Flaquísima, enhiesta, grave, la mujer se quedó en pie al otro lado de mi mesa-escritorio; y a mis preguntas, contestó en el lenguaje claro y castizo de su tierra:

—Soy viuda. Desde Burgos vengo siguiendo al asesino de mi marido, para que no consiga meterse en Portugal. Al principio me llevaba bastante delantera, pero hace días le voy a los alcances, sin dejarle entrar en poblado ni descansar en sitio ninguno. He pensado: «En no consintiéndole que duerma ni que coma, él acabará por entregarse». Y van dos días, por mi cuenta, que ni ha podido comer ni dormir.

Aquí la mujer calló y me clavó su mirada ígnea, como se clava un puñal. Al recibirla, sentí ese estremecimiento de que antes tratábamos, un escalofrío que no tiene nada que ver con el de la enfermedad ni con el que causa la baja temperatura, un escalofrío «no físico», sino más hondo.

«Lo sabe —pensé—. Sabe de cierto que su enemigo está aquí, oculto, amparado por el juez...»

Y mientras yo guardaba un silencio cargado de electricidad, la mujer añadió secamente, sin tratar de moverme a compasión, sino más bien a estilo del que acusa:

—A mi marido le mató «ése» aguardándole de noche en el robledal... Cinco cuchilladas le dio: una en el corazón, dos en el cuello, las otras dos en el vientre... Allí quedó para que lo comiesen los cuervos. Y yo aguarda, aguarda, hasta que viendo que no volvía, salí a buscarle y le topé así, con un charco de sangre negra debajo... Al momento dije a la Justicia: Fulano ha sido... Cuando quisieron echarle mano..., ya estaba él huyendo; pero yo detrás, como su som-

85

bra. Mi casa ha quedado abandonada; ni cerré la puerta al irme. Mi equipaje, este palo; mi vida, anda que te andarás. Nadie me dio seña ninguna; pero acerté con el rastro yo sola. En mi pueblo soy una persona acomodada, he venido pidiendo caridad. «Él» pudo esperarme en despoblado y acogotarme también; solo que ya sabía yo que no se atrevería... ¡Porque a mí me acompaña Dios!...

Al pronunciar este santo nombre, con expresión tan trágica y solemne que creí escucharlo por primera vez, la vengadora alzó un dedo descarnado y se quedó muda, hincándome en el alma su terrible mirar. Fue un combate que duró más de un minuto entre sus ojos y los míos, hasta que acabé por querer desviarlos y no lo logré.

Comprendí que se apoderaba de mí, por la tensión increíble de su espíritu, por la energía de su deseo. El criminal también había influido en mí un instante; solo que satisfecha la materia con la comida, la bebida y el sueño, el anhelo de salvarse que al pronto demostró, quedó extinguido. En cambio, la mujer que me presentaba despreciando las necesidades físicas, en pie, después de correr leguas y leguas, convertida en bronce, pero bronce caldeado por la llama de la voluntad.

Ríanse ustedes si quieren... Aquella mujer fea y vieja «pasó a mí», se me incorporó y me fascinó hasta tal punto, que, como en sueños, automáticamente, me levanté del sillón, tomé la lámpara, eché a andar, y bajando la escalera seguido de la negra figura, abrí la puerta del cuartucho y señalé al sofá donde el asesino reposaba...

Sagris, al llegar aquí, respiró fuerte, oprimido por la angustia.

—Y cuando le ahorcaron ¿sufrió usted?

—No sufrí más, ni siquiera tanto, como al otro día de entregarle... La vida de aquel malvado, en suma, no me importaba gran cosa. Lo que me alborotó la conciencia fue el hacerme cargo de que «desde afuera» pueden impulsarme así, obligarme a un acto tan decisivo... Por efecto de esta página de mi historia, temo más a una voluntad entera que a un cartucho de dinamita.

El Imparcial, 28 enero 1895.

El pecado de Yemsid

Refieren los viejos códices persas y cuentan las tradiciones conservadas en la India entre los emigrados «parsis», que guardan la religión reformada por Zoroastro, que no hubo en los ámbitos de la tierra rey más celebrado que Yemsid (ni el mismo Suleimán, a quien los hebreos llaman «Salomón»). Todo cuanto bueno y grato existe en el mundo, a Yemsid lo debieron sus súbditos, y gracias él, una comarca antes pobre y de groseras y selváticas costumbres, se transformó en emporio de civilización y en paraíso terrenal.

Viendo que su pueblo combatía con hondas, garrotes y hachas de sílex, inventó Yemsid las corvas cimitarras, las tajantes espadas, las corazas y cotas de fino temple y los puntiagudos cascos que ostentan los guerreros en las miniaturas del Schah-Nameh del poeta Firdusi; y los persas, antes indefensos y vencidos, fueron temidos de sus enemigos y dilataron los confines de su nación hasta más allá de la Bactriana y del Eúfrates. Viendo que andaban medio desnudos o vestidos de tosca lana, enseñóles a recoger, hilar y teñir las delicadas fibras del lino y hacer flexibles telas de lindos colores. Notando que moraban en chozas cónicas o en cuevas abiertas en la caliza, les mostró cómo se edifican amplias casas sustentadas en postes de cedro o en pilastras de jaspe, y cómo se trae al patio, rodeado de flores y arbustos, el surtidor de agua que recae en los tazones sembrando el aire de aljófares. Y el esmerado cultivo de la tierra y el sistema de la jardinería, y el trazado de las vías que unieron a la joven Persépolis con la antigua Babilonia, y el establecimiento de los bazares y ferias que dieron salida a los productos del suelo persa y riqueza a sus habitantes. Todo fue venturosa iniciativa del gran Yemsid.

No contento con haberles ofrecido victorias y oro, quiso proporcionarles gustos refinados y delicias incomparables, y esparció por su reino las enseñanzas del canto, de la música, de la poesía y de las artes, así como los secretos de la preparación de los aromas y esencias, ámbar, algalia e incienso, y de las bebidas y licores exquisitos que arrebatan los sentidos y acrecientan la intensidad de la vida, duplicando las facultades para el goce.

Y como si desease cifrar y compendiar en una sola fruición delicadísima y sublime el conjunto de cuantos bienes y deleites había proporcionado a sus vasallos, Yemsid creó para ellos «la mujer», esa «mujer» de finísimo tipo que reproducen las pinturas persas, la de rostro pálido como la Luna, cejas de irreprochable arco, inmensos ojos de gacela, cabellera oscura como el jacinto, talle redondo y fino como el ciprés.

La creó del modo que se crea a la mujer, a la dama: por el adorno, por la elegancia, por la molicie, por el retiro y el descanso, a fin de que el pie, desnudo en la bordada babucha, sean una concha de nácar, y la mano, un pétalo de rosa del Gulistán.

La creó enseñando a los pecadores del golfo y a los que recorren las costas más allá del estrecho de Ormuz, a arrancar del seno de las aguas los corales encendidos y las redondas y lucientes perlas que en sartas rodean el cuello de las favoritas.

La creó trayendo de Arabia muelles, alfombras y cojines, donde se reclinase en lánguida postura, y ordenando a los poetas que la cantasen en sus estancias, y los músicos que afinasen las guzlas para que a su son se armasen danzas en los terrados, cuando la noche descorre su manto de estrellas.

Y con la aparición radiante de la mujer, los persas creyeron que descendían al mundo de los genios de la luz o las celestes Peris, que revelan la belleza de la existencia inmortal.

Entre tanto, el monarca bienhechor vivía recluido en los jardines de su palacio, en un recinto cerrado y misterioso, donde no penetraba nadie. Era, en el fondo de agreste bosquecillo, una pobre cabaña igual a la de los leñadores y carboneros, con techo de paja y piso terrizo. Allí, desnudo bajo el ardiente Sol, ceñidos los riñones con una cuerda de cáñamo, comiendo desabridas raíces que él mismo recogía, bebiendo el agua de un pantano, llevaba el poderoso Yemsid la austera existencia del penitente.

Cuando se presentaba en público, le escoltaban mil soldados ninivitas, con corazas de plata, y le precedían doce elefantes blancos, con caparazones de púrpura. Pero en el retiro de su cabaña, después de haber saturado de dichas y placeres a sus súbditos, Yemsid se sometía voluntariamente a crueles maceraciones, y ni aún sabía el color de las pupilas de las innumerables esclavas hermosísimas que velaban todas las noches, encendida la perfumada lámpara, ungida de nardo y almizcle, en las cámaras interiores de palacio, esperando a su dueño.

Y como llevase ya muchos años de tan extraña vida, una tarde, a la hora en que el Sol se oculta, aparecióle el Mal Principio, Arimán en persona, y le interrogó:

—¿Por qué te sujetas a tantas privaciones, Yemsid, mientras colmas de deleite y alegría a tus vasallos?

—Ahora lo sabrás, Maldito... —contestó desdeñosamente el rey—. Lo sabrás para gloria mía y afrenta tuya. Es que he querido dejar a los demás hombres las satisfacciones pasajeras y terrenales, y reservarme la dicha de ser el único de mi imperio que vive espiritualmente. Para ellos, el efímero recreo de los sentidos y de la imaginación, los perfumes, los acordes de la música, los suspiros de la poesía, las caricias de la mujer; para mí, la armonía de los planetas al girar en sus órbitas, los conciertos interiores de las siete virtudes, las emanaciones de la divinidad de Ormuz y las invisibles sonrisas de las inteligencias celestiales. Por eso, Maldito, tienes que prosternarte en mi presencia. ¡Yo te subyugo, mediante la fuerza de mi santidad!

Aparentando confusión y terror, Arimán se prosternó, en efecto. Pero entre espasmos de alegría infernal, pensó para sí:

«¡Eres mío! ¡Eres mío!»

De allí a algún tiempo empezó a esparcirse por Persia la noticia de que el poderoso Yemsid, el bienhechor, el civilizador, no era un mortal, sino una encarnación de la divinidad en forma humana, y muchos aduladores fabricaron idolillos que tenían la figura del rey, y los adoraron y les ofrecieron sacrificio. Era Arimán el que difundía esta voz. Pero cuando Yemsid lo supo, estremeciéndose de gozo, sin advertir que, envuelto en sus negras alas, el Mal Principio repetía no menos regocijado:

—¡Eres mío! ¡Mío el gran monarca de Persia!

Ciego de orgullo, resolvió Yemsid presentarse en el templo revestido con el traje del Fuego, bordadas las llamas de pedrería sobre su túnica y ceñida la frente con la mitra solar. Y como muchos que le acataban rey se resistían a reconocerle dios, los condenó a morir entre espantosos suplicios. Enajenáronle estas crueldades la voluntad de su pueblo, y cuando el príncipe de Arabia, Doac, al frente de su belicosas huestes, sitió a Persépolis, los habitantes le abrieron las puertas.

Huyó Yemsid, ocultándose en las cuevas y en las ruinas, mas al fin le descubrieron y le llevaron maniatado a la presencia del vencedor.

—Serradle al medio el cuerpo —ordenó éste—, y perezcan así los que son dobles en su alma y con las prácticas de los santos encubren la soberbia de los demonios.

El Imparcial, 8 noviembre 1897.

«Omnia Vincit»

Esteban llevaba, no con buen ánimo, sino con regocijo, el peso de sus votos. Era de los que ingresan en el seminario por pura vocación y de éstos no hay muchos, pues si hogaño el clero en general tiene quizá mejores costumbres que antaño, no cabe duda que el gran impulso religioso va extinguiéndose y escaseando las vocaciones decididas y entusiastas.

La de Esteban debe contarse entre las más resueltas. Así que se vio investido del privilegio de sostener entre sus manos el cuerpo de Cristo, que por la fuerza de las palabras de la Consagración descendía desde las alturas del cielo, Esteban quiso ser digno de tal honor, y entregándose a la mortificación y a la piedad, gozó la fruición del sacrificio, el deleite de renunciar a todo con abnegación suprema y pisotear bienes, mundanas alegrías, efímeras felicidades, mentiras de la carne y de la imaginación, por una verdad, pero tan grande, que solo puede llenar nuestro vacío.

Al ordenarse no había pensado Esteban ni un momento en pingües curatos, en prebendas descansadas, en capellanías aparatosas. La mitra no brillaba en sus sueños, ni vio refulgir sobre su dedo, cual mística violeta, la amatista pastoral.

Lo que ansiaba era, por el contrario, una función útil y oscura. Sus propósitos consistían en fundar, con sus bienes y con lo que juntase implorando aquí y allí (en la humillación estaría el mérito precisamente) alguna institución de beneficencia: un hospital, un asilo, un sanatorio, un refugio para el dolor. Esteban que era valiente y, sin querer, cifraba su orgullo en cultivar esta virtud varonil, tenía determinado que los infelices recogidos en su instituto fuesen enfermos de mal horrible, repugnante y contagioso, como lepra y cáncer. Y al consultarse y medir sus fuerzas, solo recelaba que le hiciesen traición cuando más las necesitase; que al llamar por el heroísmo, el heroísmo desapareciese como manantial sorbido por la arena.

Para ensayar y probar sus bríos, Esteban buscaba ocasiones de instalarse a la cabecera de los que padecían enfermedades repulsivas, y los asistía con ternura y celo incansables, cerciorándose de que la voluntad se impone a los sentidos, y las leyendas donde se refiere que las úlceras pueden convertirse en rosas y despedir fragancia celestial, no son más que bello símbolo de la misteriosa transformación que la caridad realiza extrayendo aromas de la fetidez, como extrae perlas de lágrimas...

Una tarde avisaron a Esteban de que un enfermo grave –un mendigo– reclamaba su asistencia espiritual. Vivía el enfermo en calle asaz extraviada. Esteban le encontró ya en trance tan angustioso y con tales bascas y agonías, que vio cercano su fin.

En efecto, a la una de la madrugada, el moribundo, volviéndose hacia la pared, exhalaba el último aliento. Cerrado que hubo los ojos al cadáver, Esteban salió para descansar algo y regresar, así que amaneciese, con mortaja, velas, dinero para la caja: lo indispensable que faltaba allí, por ser la miseria mucha.

La una de la madrugada es hora intempestiva para un sacerdote, y Esteban, al encontrarse en la calle silenciosa, experimentó una impresión desagradable, una crispación de nervios. Un gato negro, famélico, que sin duda merodeaba buscando piltrafas y mendrugos entre los montones de basura, pasó rozándole los manteos, y Esteban se estremeció al entrever la silueta embrujada del animal.

Casi al mismo tiempo, al revolver de la esquina, destacóse un bulto de la penumbra de una puerta entreabierta sobre un portal angosto y sombrío. Era una mujer que vestía el uniforme del vicio callejero: el pañolito de seda echado a la frente, medio encubriendo los caracoles de los ricillos, y el pañolón de lana color café, estrechamente ceñido al cuerpo y subido a la altura de la boca con flexión característica de la mano. Innoble tufarada de polvos de arroz baratos y esencias de violento almizcle se exhalaban de aquella criatura, y a la luz amarilla del farol relucía el colorete de sus labios, el albayalde de sus mejillas, y sus ojos, torpemente agrandados con tiznones.

Rápida y procaz, la moza se acercó al sacerdote y le cogió de la manga, articulando descarado requiebro. Sintió Esteban la misma impresión que si le tocase un reptil. Echóse atrás, y con ojos que abofeteaban, lanzó a la mujer una mirada llena de inmenso desprecio, de asco invencible, mientras sus labios, en voz que escupía, pronunciaba una frase durísima, contundente. La mujer soltó la manga y el sacerdote siguió su camino.

Apenas hubo andado cien pasos, notó extraño desasosiego, pero en el corazón, algo que pudiera llamarse remordimiento de conciencia. Advertía un descontento de sí propio, tan grave y profundo que le ahogaba. La imagen de

la mujer se le aparecía nuevamente; pero en vez de sonreír provocando, tenía los ojos preñados de lágrimas y el rostro enrojecido de vergüenza. La representación de la pecadora fue tan viva, que Esteban creyó sentir su aliento y su gemido muy cerca del rostro. Se detuvo, vaciló, se pasó la mano por la frente, y al fin, volviendo atrás, desanduvo lo andado, y en la esquina, delante del portal lóbrego y miserable, vio a la de pañolón en la misma actitud de acecho. Sí; allí estaba; pero en vez de llamar a Esteban como antes, al divisarle se hizo a un lado, queriendo esconderse. El sacerdote se acercó. La mujer retrocedía más y más, incrustándose en las tinieblas del sospechoso y mal oliente portal, y alzando el mantón para encubrir el rostro.
Cuando se convenció de que Esteban se aproximaba adrede, la mujer, ronca, enérgicamente, exclamó:
—¡Con cualquiera y no con usted!
Titubeó Esteban dos segundos. Al fin, venciendo un nuevo impulso de horror, dijo balbuciente y cruzando las manos:
—Se equivoca usted, hermana... Si he dado la vuelta, es porque la traté a usted muy mal..., y le quiero pedir perdón. He insultado a usted antes; me arrepiento... Perdóneme; se lo suplico.
Ella le miró recelosa y atónita, y él, entre tanto, la examinaba a su vez. Representaba la sin ventura de treinta a treinta y cinco años: escuálida y marchita bajo los afeites que la embadurnaban, su boca enjuta, sus ojos febriles, su hálito fatigoso, delataban la mala salud, tal vez el hambre. En su cara revelábase tedio y cansancio; en su actitud, la humildad insolente de ser quien todos tienen fuero para pisotear. Una ola de lástima se derramó por el alma de Esteban. Lleno de unción, tomó sin falsos pudores la diestra calenturienta de la mujer, y murmurando amorosamente:
—Hermana, si me perdona, hágame un favor. Véngase a mi casa. No esté usted ni un minuto más en esta calle, ni vuelva a subir «ahí».
Dudosa aún sobre las verdaderas intenciones de Esteban, fluctuando entre el asombro y la desconfianza, la mujer aceptó, vencida por la benignidad con que se expresaba aquel sacerdote joven, de rígidas líneas, de macilenta faz. Hay en la cortesía de los modales y en la calma de la voz algo que se impone a la gente plebeya y tosca. La meretriz echó a andar, y fue una singular pareja la que hacían por las desiertas calles el ministro de Dios y la vulgar cortesana,

silenciosos, midiendo el paso, sordos a los comentarios de algún maldiciente; porque ni la caridad entiende de escrúpulos, ni de recato la infamia.

A la puerta de su vivienda, Esteban se detuvo, y sacando un llavín, se lo entregó a la mujer.

—Entre usted —le dijo—, hay fuego, luz, cena y cama; todo preparado para cuando yo llegase. Caliéntese usted, coma, acuéstese, duerma... pero antes de acostarse rece, si es que sabe, un avemaría. Mañana nos veremos. Hasta mañana.

—Sé rezar, no se crea usted —contestó la mujer; e hizo muestra de arrodillarse, si Esteban lo consintiese.

No preguntó más. Había comprendido por fin. ¿Comprendido? No, adivinado; que la mujer del pueblo no necesita reflexionar; se asimila instantáneamente las acciones generosas y los grandes movimientos del corazón. Subió sin temor; devoró la frugal cena; se agazapó en la estrecha camita de hierro..., y al ver a la cabecera una escultura de la Virgen, ante la cual parpadeaba un lamparín de aceite, rezó con fe absoluta: así rezan los creyentes pecadores.

Esteban pasó la noche en la calle. Fue una noche venturosa; la noche de bodas de su espíritu. Embriaguez divina, inefable exaltación le impedían sentir ni el frío, ni el sueño, ni el desfallecimiento del estómago. Como el caballero andante que vela sus armas antes de salir a buscar gloriosas aventuras; como el enamorado que ronda los balcones de su amada, no notaba siquiera que tenía cuerpo, y que ese cuerpo de barro reclamaba lo suyo. Allá arriba, en la propia casa de Esteban, estaba el ideal, el objeto de su vida, la razón de su ser. Lo había visto a la breve luz de relámpago que deslumbró a San Pablo, de la estrella que guió a los reyes de Oriente. Era el llamamiento, la voz, la señal de arriba, la iluminación, la revelación.

¿Qué vale asistir a los enfermos y llagados del cuerpo? El vicio hiede más que la lepra y tiene más raíces que el pólipo; y luchar con el vicio que repugna, con el vicio que provoca en el alma la náusea del asco y el hervor amargo del menosprecio, eso es meritorio, eso es lo que no hará el enfermero laico, tal vez impío, y solo puede hacer el Nazareno, de quien es figura y ministro el sacerdote...

Esteban fundó un asilo de penitencia y redención. Hoy ha caído el asilo en manos frías y mercenarias; pero mientras vivió el fundador y pudo incendiarlo

con su caridad, el asilo obró maravillas. Creed que ningún destello de amor se pierde; creed que no hay mármol que no ablande el amor.
El Imparcial, 5 febrero 1894.

La penitencia de Dora

Aunque Alejandría fuese entonces una ciudad de corrupción y molicie, pagana aún, y pagana con terca furia, contenía matrimonios cristianos unidos por el amor más acendrado y tierno. Dora era del número de esposas fieles que, cerrando su cancilla al anochecer, pasaba la velada con su marido hasta que un mozo perverso, menino del emperador, todo perfumado de esencias, de rizada barba, después de rondarla mucho tiempo y enviarle mensajes y presentes por medio de cierta vieja hechicera zurcidora de voluntades, logró sorprenderla en una de esas horas en que la virtud desfallece, y ayudado de mal espíritu, triunfó de la constancia de Dora.

Vino el arrepentimiento pisando los talones al delito, y Dora, avergonzada, resolvió dejar su casa, su hogar, su compañero, y condenarse a soledad perpetua y a perpetuo llanto. Cortó sus largos y finos cabellos; rapó sus delicadas cejas; vistióse de hombre y fue a llamar a las puertas de un monasterio que distaba como seis leguas de Alejandría, suplicando al abad que la admitiese en el noviciado. Por probar su vocación, el abad ordenó al postulante pasar la noche en el atrio del monasterio.

Era el lugar solitario y hórrido: el aire traía a los oídos de Dora el rugir de las fieras, que bajaban a beber al río, y a su nariz la ráfaga de almizcle que despedían los caimanes emboscados entre cañas y juncos. Con los brazos en cruz, se dispuso a morir; pero amaneció: una faja de anaranjada claridad anunció la salida de un Sol de fuego, y las puertas del monasterio se abrieron, resonando el esquilón que convocaba a la primera misa.

Dora desplegó en su noviciado un fervor inaudito hasta en aquellos lugares donde el ascetismo y la mortificación tenían aulas y maestros que no han sido igualados nunca. Temerosa de que al destrozar la intemperie sus ropas se averiguase su sexo, no se atrevió Dora a encaramarse sobre su estela; pero — excepto la terrible gimnasia de los numerosos estilitas que eran estatuas vivas de la penitencia, bronceados por el Sol implacable—, Dora practicó cuantas mortificaciones puede concebir la fantasía soñando un ideal de martirio.

Mordazas y cadenas de hierro; abrojos y espinas a raíz de la carne; ayunos y abstinencias de agua, hasta que se le pegase a las fauces la seca lengua y su aliento fuese como el del can que ha corrido mucho; caminatas sobre las destrozadas rodillas; disciplinas, lecho de guijarros, manjares desazonados adrede..., todo lo apuró la arrepentida, sin saciar sus anhelos de padecer y padecer más y más. Y no eran las torturas materiales lo que en las horas de tinieblas convertían sus ojos en dos arroyos de lágrimas. Era la nostalgia de su hogar, la memoria de su compañero, a quien quería con incontrastable amor, tal vez más desde que le había afrentado secretamente. Sabedor el demonio de estas aflicciones de Dora, solía tomar la figura del esposo ausente, llegarse a ella diciéndole los requiebros y dulzuras que solía cuando se hallaban juntos, suplicarle que volviese a su lado, que la falta estaba perdonada y expiada de sobra...; pero antes quería Dora caerse muerta que aparecerse ante los ojos del que amaba y había ofendido.

Acostumbraban en el monasterio ordenar al que creían joven penitente los oficios más humildes, y un día el abad mandó a Dora que fuese con los camellos a buscar trigo a la ciudad, y que si no podía volverse antes de anochecido, se quedase a dormir en un molino próximo a la puerta de Roseta. Obedeció Dora, y faltándole tiempo, quedóse en el molino. A pesar de maceraciones y ayunos, Dora, con el pelo ensortijado que volvía a crecer, aún parecía un mancebo como unas flores; y habiéndola visto una cortesana del barrio de Racotis, se entró en el molino a requerir al que por monje tenía. Rechazada la mujerzuela, quedó picada en su amor propio y deseosa de venganza, y hallándose después encinta, cuando nació un niño lo envió al abad en un cesto de mimbres, diciendo que era hijo de cierto mal penitente que había pasado en el molino tal noche. Acosaban a Dora las apariencias; con una sola palabra podría vindicarse; pero aceptó la humillación y calló. Entonces el abad le impuso un castigo extraño. «Monje pecador —le dijo—, de hoy más te ordeno que vivas en el monte, y allí críes y cuides a ese niño, fruto de tu maldad. Si os devoran las fieras, será justicia de Dios. Toma la criatura y vete».

Dora cogió en brazos al niño e hizo la señal de la cruz y salió hacia la montaña. Guarecida en una caverna, dedicóse a criar al pequeñuelo. Con leche de ovejas le sustentó, y para darle abrigo fabricó una pobre choza cónica, de adobes. Renunciando a las austeridades que podrían destruir su salud y dejar sin amparo a la tierna criatura, se consagró a trabajar, a cultivar un huerto, a sembrar y plantar en él legumbres y frutales, a cercarlo de una empalizada; a fin de vestir al muchacho, hiló copos de lana y lino y tejió groseras telas. Agricultora e industriosa, Dora atendió a todas las necesidades del rapaz y consiguió verle

97

crecer fuerte, sano, lindo y alegre. Y a medida que crecía y lozaneaba, notó Dora en sí amor vehemente, calor de entrañas maternales para el pobre ser abandonado, que no había conocido otra familia ni otro arrimo en el mundo. Advirtió con sorpresa que no acertaba a apartarse ni un minuto de la criatura; que vivía suspensa de su graciosa charla y embelesada con sus monerías, sus dichos salados y encantadoras travesuras; y que, al acrecentarse en su alma este cariño arrollador como las olas que azotan el faro, las representaciones del pasado iban borrándose de su memoria: el remordimiento de su flaqueza, la nostalgia de su esposo, la vergüenza y el dolor, el arrepentimiento y el deseo de expiar la culpa.

Todo, todo desaparecía ante el niño, en cuya compañía sentíase Dora como en la bienaventuranza, pensando haber encontrado el norte y fin de su existencia cuando con sus manitas le halagaba el rostro, o la besaba con sus labios de fresco clavel.

En este estado de descuido vivía Dora, cuando una tarde de estío al sacar agua de la cisterna, creyó ver en el fondo de ella un rostro triste y pálido —el propio rostro de su marido—. Mas no era en la cisterna, sino en el espíritu de Dora, donde reaparecía la dolorida imagen; y para advertencia bastó. Sin dilación, la mísera pecadora tomó de la mano al niño, y despedazándose por dentro, sintiendo que sus extrañas chorreaban sangre —porque adoraba en el rapaz más que si lo hubiese parido y amamantado—, corrió al monasterio, echóse a los pies del abad y, deshecha en lágrimas, entre desmayos y accidentes, confesó la verdad toda.

—Me diste este niño por castigo, y yo he poseído en él el gozo más grande que puede haber en el mundo. Ahí tienes por qué te lo entrego pues no es lícito a una pecadora tan grande conservar lo que la llena de ventura y de contento. Me vuelvo al monte, y en la caverna más horrenda que encuentre volveré a emprender mi penitencia con doble rigor para recuperar el tiempo perdido y castigar el delito de antes y la tibieza de ahora. Permíteme que una vez más estreche en mis brazos al niño..., y adiós; no volverás a saber de mí hasta que recojas mi cuerpo para enterrarlo.

El abad, que era varón de Dios, levantó a Dora del polvo donde yacía postrada, y le dijo solemnemente:

—Ve en paz y ruega por mí. La penitencia que hagas de hoy en adelante no es necesaria ya para obtener el perdón de tu pecado. Al separarte de este niño, al renunciar a lo que amas, hiciste la mejor penitenciaría. Más fácil es azotarse los lomos que azotarse el corazón, y menos duele un cilicio en la cintura que en la voluntad. La última prueba será corta: pronto recogeré tu santo cuerpo.

Y al año lo recogió piadosamente, como piadosamente debe leerse esta historia, algo semejante a la de Santa Teodora Alejandrina, cuya fiesta celebra la Iglesia el 14 de septiembre.

El Imparcial, 31 mayo 1897.

Ceniza

Ya despuntaba la macilenta aurora de un día de febrero, cuando Nati se bajó del coche y entró en su domicilio furtivamente, haciendo uso de un diminuto llavín inglés. No tenía que pensar en recatarse del cochero, pues el coche no era de alquiler, y alguien que acompañaba a la dama, al salir ella, se agazapó en el fondo de la berlina.

Nati subió precipitadamente la solitaria escalera, muy recelosa de encontrar algún criado que en tal pergeño le sorprendiese. El temor salió vano, pues reinaba en la suntuosa casa silencio profundo. Sin duda, no se había despertado ninguno de sus moradores. En la antesala, Nati se halló a oscuras, sintiendo bajo los pies la blandura del denso y profundo tapiz de Esmirna. A tientas buscó el registro de la luz eléctrica; giró la llave, y se inundó de claridad el recinto. Orientada ya, abriendo y cerrando puertas con precaución, cruzando un largo pasillo y dos o tres espaciosos salones ricamente alhajados, Nati, en puntillas, llegó a su tocador. Encendidas las luces, hizo lo que hace indefectiblemente toda mujer que vuelve de un baile o una fiesta: se miró despacio al espejo. Éste era enorme, de cuerpo entero, de tres lunas movibles, y las iluminaban oportunamente gruesos tulipanes de cristal rosa, facetados. Nati vio su imagen con una claridad y un relieve impecables.

Apreció todos los detalles. El dominó blanco, arrugado, mostraba sobre la tersura del raso, pegajosos y amarillentos manchones de vino; un trozo de delicada blonda pendía desgarrado, hecho trizas. Caído hacia atrás el capuchón y colgado de la muñeca el antifaz de terciopelo, se destacaba el rostro desencajado, fatigado, severo a fuerza de cansancio y de crispación nerviosa. Las sienes se hundían, las ojeras oscurecían y ahondaban, los ojos apagados revelaban la atonía del organismo; la boca se sumía contraída por el tedio, las mejillas eran dos rosas marchitas y lacias, dos flores sin agua, sin perfume, pisoteadas, hechas un guiñapo. El pelo, desordenado y revuelto sin gracia, se desflecaba sobre la frente, y en la garganta, poco mórbida, las perlas parecían cuajadas lágrimas de remordimiento y de vergüenza...

Nati se estremeció, sintió un escalofrío mientras iba desnudándose, quitándose los zapatos de seda, desprendiendo alfileres y desabrochando corchetes. Cuando, después de soltar el dominó y de arrancarse las joyas, abrió el grifo del lavabo y se pasó por ojos y cara la esponja húmeda, volvió no ya a estremecerse, sino a temblar, a tiritar de frío, notando un malestar que le llenó de aprensión. No era, sin embargo, enfermedad; era la náusea, la invencible repugnancia que engendran los desórdenes y es su reato y su castigo.

¿Será ella misma, Nati, la que ha pasado así la noche del martes de Carnaval? ¿Ella la que ha preparado aquel capuchón, la que ha combinado el modo de salir secretamente, la que ha jugado su decoro y su fama por unas horas de delirio? ¿Qué hacia ella en aquel palco, entre aquellos insensatos, en aquella cena, cerca de aquel hombre cuyo hálito quemaba, cuyos labios reían provocadores, cuyas palabras destilaban en el corazón llama y ponzoña? Aquellas necias carcajadas, con la cabeza echada atrás, con la boca abierta y descompuesta la actitud, ¿las había exhalado ella? Aquellas frases a cual más profanas y libres, ¿era Nati, la esposa, la madre de familia, la dama respetada por todos, quien las había escuchado, y consentido, y celebrado entre el aturdimiento y la algazara de la bacanal?

Nati miró a la vidriera, que había quedado abierta. Una claridad lívida, azulada y triste hacia amarillear la de los focos eléctricos. Era el amanecer que derramó en las venas de Nati más hielo. Apagó las luces, se envolvió en una bata acolchada y con inmensa fatiga se dejó caer en el ancho diván oriental. Por un instante le pareció que cerraba sus ojos invencible sueño; pero casi al punto la despabiló una idea. ¡Miércoles de Ceniza! Había escogido la mañana del Miércoles de Ceniza... para su desatinada aventura.

... ¡Miércoles de Ceniza!... El mismo día en que su madre, después de una vida de virtudes y sufrimientos, había entregado el alma; día que conmemoraba para Nati el más triste aniversario. ¿Cómo no se acordó antes de arreglar la escapatoria? ¿Cómo la imagen del martes de Carnaval borró de su mente el recuerdo del Miércoles de Ceniza?

Saltó Nati del diván, dando diente con diente, pero animada por una resolución: la de expiar, la de hacer penitencia, la de reconciliarse con Dios sin tardanza. Abrió el armario y se calzó ella misma: descolgó un traje, el más sencillo, negro; se echó una mantilla, se envolvió en un abrigo..., y desandando lo andado, volviendo a recorrer salones y pasillos, bajando la escalera, lanzóse a la calle. Iba como en volandas, impulsada por una sed de purificación parecida al deseo de lavarse que se nota después de un largo viaje, cuando nos encontramos cubiertos de suciedad y de impurezas. ¡La Iglesia! ¡La redentora, la consoladora, la gran piscina de agua clara agitada por el ángel y en que se sumerge el corazón para salir curado de todos los males y nostalgias! Nati corría, pareciéndole que cuanto más se apresuraba más se alejaba de la bienhechora iglesia. Por fin la divisó, cruzó el pórtico, persignándose, tomó agua bendita y se arrodilló delante del altar, donde un sacerdote imponía la ceniza a unos cuantos fieles madrugadores... Nati presentó la frente, oyó el fatídico Memento homo, quia pulvis eris..., y sintió los dedos del sacerdote que tocaban sus sienes, y a la vez un agudo dolor, como si la hubiesen quemado con un ascua... Al mismo tiempo, los devotos, postrados alrededor, la miraron fijamente, y deletreando lo que en su frente se leía escrito, repitieron atónitos: «¡Pecado!»

Alzóse Nati de un brinco, y huyó de la iglesia. Había amanecido del todo; era hermosa la mañanita, y las calles estaban llenas de gente. Nati percibió que se volvían, que la contemplaban con extrañeza, que la señalaban, que se reían, que exclamaban: «¡Pecado! ¡Pecado!»

Y los transeúntes se detenían, y se formaban grupos, y la palabra «pecado», pronunciada por cien voces, formaba un coro terrible de reprobación y maldición, que resonaba en los oídos de la señora como el rugido del mar en los del náufrago... «¡Pecado! ¡Pecado!...», dicho en el tono de la indignación, de la cólera, del desprecio, de la mofa, de la ironía, de la conmiseración también... Nati bajaba el velo, quería taparse la frente donde aparecía en caracteres rojos el letrero fatídico...; pero la negra granadina volvía a subir, y la humillada frente se presentaba descubierta ante la multitud... Nati puso las manos, pero conoció que se volvían transparentes como el vidrio, y que al través se leía el letrero más claro, más rojo... Entonces, horrorizada, exhaló un clamor de agonía y se desplomó al suelo moribunda.

Cuando Nati despertó —porque realmente se había quedado dormida sobre el diván—, vio al abrir los ojos (el tocador estaba inundado de Sol) a su marido de pie, examinando la careta y el arrugado dominó, caídos delante del diván, hechos un rebujo.

El Imparcial, 1 de marzo 1897.

Las cerezas
Cierto día de fiesta del mes de junio, a los postres de una comida de aldea, de las que se prolongan y degeneran en sobremesas interminables, tuve ocasión de hacer una de esas observaciones, detrás de las cuales suele vislumbrarse oculta una novela íntima o latir el asunto de un drama. Hallábase sentado frente a mí el párroco de Gondar, y como le daba de lleno en el rostro la luz de la ventana, luz que se abría paso entre las ramas de los rosales, ya sin flor, pude notar que se inmutaba y se le cubrían de amarillez las siempre coloradas mejillas al servirle el criado un frutero de cristal donde se apiñaban, negreando de tan maduras, las últimas cerezas.

Lo demudado de la cara, el movimiento nervioso de la mano crispada al rechazar el frutero, eran inequívocos, y no podían proceder únicamente de repugnancia de su paladar a la sabrosa fruta; delataban algo más: una especie de horror, que solo originan muy hondas causas morales. Apunté la observación y resolví salir cuanto antes de la curiosidad. Una hora después charlaba confidencialmente con el párroco, recorriendo la larga calle de castaños que rodea como un cinturón de sueltos cabos flotantes el soto.

Antes de resumir el relato del cura, debo decir que nuestro clero rural tiene en él un representante muy típico. Sencillo, encogido y hasta rudo en sus maneras; nada gazmoño, según se demostrará en esta historia; más hombre que eclesiástico y más aldeano que burgués; más positivo que idealista, y asaz incorrecto en esas exterioridades que el clero de otras naciones tanto cultiva y estudia, el párroco de Gondar —como muchos curas de aldeas en España— conserva en su corazón, sin hacer de ello pizca de alarde, un convencimiento del deber que en momentos críticos y en casos extremos puede convertirle en mártir y en héroe. Del pueblo en su origen, tienen las condiciones y también las virtudes del pueblo.

—Ya me da rabia —decíame el párroco bajando los ojos y frunciendo las cejas— que se me note tanto la impresión que la vista de las cerezas me produce. ¡Hay que vencerse, caramba! Y, o poco he de poder, o llegaré a comerme sin escrúpulos una libra de esas cerezas de pateta..., que, si me descuido, me cuestan el alma o la vida.

—¿El alma... o la vida, nada menos? —repetí con sorpresa e interés.

—Nada menos. ¿Qué tiene de extraño? ¿No perdió Esaú, por un plato de lentejas, su derecho de primogenitura y el porvenir de toda su casta? Pues las cerezas aún saben mejor que las lentejas, que solo para dar flato sirven.

Conformes en la superioridad de la cereza comparada a la lenteja, y viéndome que esperaba atentamente la historia, el párroco tomó la ampolleta muy gustoso:

—Ha de saber usted que allá, hará unos siete años, no estaba yo en la mejor armonía con el coadjutor de mi parroquia... No soy el único cura a quien esto le sucede, y siempre ha de haber rencillas en el mundo, mientras los hombres no se vuelvan ángeles... Al decir que no estaba en la mejor armonía, debí decir que no estábamos propiamente como el gato y el perro... No quiero hacer mi apología; pero a la verdad, él tenía la culpa; él era más artero y más zorro que yo..., y supo maquinar una conjuración tan hábil, que puso en contra mía a todos los feligreses, tanto, que tuve soplo que no debía salir de noche porque era fácil que detrás de un vallado me soltasen, ¡pum!, un tiro. También me avisaron de que algún día me matarían a palos, fingiendo una de esas riñas que se arman entre borrachos en las fiestas. El granuja hizo correr la voz de que yo había jurado dejar sin misa a la gente el día más solemne y con estas y otras infinitas artimañas, que sería muy largo contar, logró aislarme y colocarme en situación muy penosa para un cura.

Cada cual tiene su defecto: yo soy algo terco y muy soberbio; por eso me desdeñé de refutar las calumnias de mi enemigo, y fui consintiendo que se les diese crédito, y hasta por tema y fanfarronería —era uno entonces más muchacho que ahora y corría la sangre más caliente y más alborotada— me dejé decir que sí, que dejaría sin misa a la parroquia cuando se me antojase, y a ver si había hombre para pedirme cuentas de eso ni de cosa ninguna. Por aquí vino el daño que pudo suceder...; por aquí y por las cerezas malditas.

El día del Sacramento, los mozos de la aldea dispusieron costear una función con misa, y para darme en cara quisieron que se celebrase en la iglesia del anejo. Yo tenía que asistir, claro es, y concluida mi misa mayor monté a caballo sin volver a la rectoral, porque en el anejo me esperaría, según costumbre, la «parva» o desayuno. Al llegar cerca de la iglesia noté que estaba la gente toda en remolino y que, al verme, los mozos prorrumpían en gritos y amenazas y levantaban las varas, bisarmas y palos como para herirme. No me asusté; pasé entre ellos, y apeándome a la puerta de la sacristía, entré. Allí no había nadie; sin duda andaban por la iglesia disponiendo la función. Sobre los cajones en que se guardan los ornatos vi un pañuelo desatado y lleno de cerezas hermosísimas. Yo venía acalorado; el gaznate se me resecaba del polvo y también del berrinche; las cerezas convidaban, de tan frescas y tan maduras... Alargué la mano y me comí tres de un gajo solo. Apenas las había tragado, apareció en la puerta interior mi enemigo, como si saliese de debajo de tierra, y, sin mirarme, medio escondiendo la cara, me dijo (parece que aún le oigo aquella voz tan falsa y sorda):

—Ahí viene el sacristán... Puede revestirse para misar, que todo está ya preparado...

¡Revestirme! Vamos, en el primer momento me quedé hecho un santo de piedra. Vi que había caído en la trampa y solo tuve ánimos para preguntar, así, todo tartamudo:

—¡Misar! Pero ¡si ésta la dice usted!...

Y el gran embustero, muy sereno:

—Estuve enfermo de cólico por la mañana, y tuve que tomar medicinas... Ya le mandé allá recado de que hoy doblaba usted.

—¿Recado? Ningún recado se ha recibido.

—Pues fue allá el Cuco bien temprano.

Yo sabía que el tal Cuco era el paniaguado y compinche de mi enemigo, y no necesité más para comprender la asechanza.

—Pues no llegó —grité ya atufado y muy sobre mí.

—Pues no importa —contestó el bribón (¡Dios me perdone!)— porque usted vendrá en ayunas.

Mire usted, el tantarantán de furia que me entró al oír esto parecía un ataque de alferecía: los dientes míos sonaban como castañuelas. Me habían cazado lo mismo que una liebre. ¡Cogido, cogido! No me cabía duda; detrás de la puerta me atisbaba mi enemigo, y así que me vio comer las tres cerezas, apareció, seguro ya de atraparme.

Bien combinado: o mi vida, que me la quitarían a palos los mozos —se les oía jurar, y maldecir, y bramar detrás de la puerta— o mi alma, que iba a matar cometiendo un sacrilegio horrible... Aquí no valen bravatas; la verdad pura; yo titubeaba; el sudor me corría en gotas por la frente abajo, y era frío, frío,

lo mismo que la escarcha; la vista se me turbaba y el corazón se me encogía como si lo apretasen poco a poco en una prensa de hierro...
Aquello no sé si duró un segundo o diez minutos; porque hay ocasiones en que el tiempo no se calcula. «Usted está en ayunas», repetía el malvado para tentarme... Pero, ¡qué pateta!, una cosa es ser pecador e imperfectísimo y otra que, cuando se trata del Cuerpo y de la Sangre de Nuestro Señor Jesucristo, no le tiemblen a uno de respeto las carnes... Me acordé de lo que es la misa... Cesé de sudar, se me aclararon los ojos, se me puso expedita la lengua y descarándome con mi enemigo, le dije así..., no sé de qué manera...: creo que con una especie de alegría y de afán de padecer:
—No estoy en ayunas, no... He comido tres cerezas de las que usted puso ahí... ¡Si tiene usted conciencia, hará que no me rompan el alma, y si no..., ya sé que me espera la misericordia de Dios, porque no he querido hacerme reo de su Cuerpo sacratísimo! Que vengan, que me trituren... ¡Hay otra vida, y en ella le aguardo!
No sé si fueron estas mismas las palabras ni sabría ahora pronunciarlas como en aquel trance; lo cierto es que el hombre se me quedó así, parado, sobrecogido... Su cara cambió de expresión, y para mí, le entró el mismo sudor que acababa de quitárseme y le castañetearon también los dientes..., hasta que, en un arrebato, se me echa de rodillas y me dice:
—Absuélvame, reconcílieme, que voy a misar... Fue verdad lo del cólico; pero no lo de las medicinas... Yo sí que estoy en ayunas...
Le absolví; dijo su misa...; ayudé a la función..., y tan campantes. Solo que cuando veo una cereza se me aprieta la garganta como si aún estuviésemos en la sacristía y se oyesen tras la puerta los reniegos de los que querían escabecharme...
—¿Y no fue usted, desde ese día, amigo del coadjutor? —pregunté con emoción y gozo.
—¡Sí, amigos! Al llegar las elecciones ya me preparó siete emboscadas diarias. Solo estuvimos en paz aquel minuto, que se colocó entre nosotros Cristo Nuestro Señor...
El Liberal, 10 de julio de 1897.

El Santo Grial

Aquella madrugada, al recostarse, más cerca de las cuatro que de las tres, en el diván del Casino, Raimundo, sin saber a qué atribuirlo, sintió hondamente el tedio de la existencia. Echada la cabeza atrás, aspirando un cigarrillo turco de ésos que contienen ligera dosis de opio, entró de lleno en los limbos del fastidio desesperanzado. Al advertir los pródromos del ataque de tan siniestra enfermedad, revivió mentalmente la jornada, analizó sus existencia y adquirió la certeza de que, en su lugar, otro hombre se consideraría dichoso.

¿Qué había hecho? Levantándose a las once, después de un sueño algo agitado, las pesas, las fricciones, el masaje, el baño, el aseo, los cuidados de una higiene egoísta y minuciosa duraron hasta la hora del almuerzo. Éste fue delicado, selecto, compuesto de manjares sólidos sin pesadez, que ahorran trabajos digestivos y reponen las fuerzas vitales.

En pos del almuerzo, ejercicio y sport; paseo en coche de guiar, la tónica acción del aire puro que azota el rostro, la alegría de la claridad, la animación de las calles, el fresco verdor de los parques públicos, ya embalsamados por la florescencia blanca y rosa de la acacia... Luego, apearse a la puerta del Congreso, y hora y media de intencionada esgrima en la sección, donde Raimundo, con su cultura y sus ideas personales, estaba formándose un núcleo de amigos, la base de una posición política, una aureola para los años de madurez. Y a casa a escape, a vestirse, habiendo de sentarse a la mesa de la señora de Armería... Comida encantadora, organizada con la habilidad y tino social que a la de Armería distingue; doce personas que todas simpatizan y tienen gusto en reunirse, pero no tan íntimas que se cansen de verse juntas; dos políticos de talla, un sabio académico, un artista famoso muy huraño y por lo mismo apetecido; un diplomático extranjero, ya españolizado y del género ameno, y algunas señoras de alto copete o de singular hermosura y elegancia...

La casualidad, siempre complaciente y buena, quiso que entre estas últimas se contase una muy especial amiga de Raimundo; por casualidad también salieron a la vez casi, y como Raimundo no tenía coche allí y la calle no era céntrica, ofreció la dama a su acompañante un asiento. Al llegar aquí, los recuerdos de Raimundo, con ser tan recientes, se confundieron y embrumaron, como si los velase de niebla el humo azul del cigarrillo turco que contenía opio... Solo

107

distinguía bien un conocido perfume de white rose adherido a su ropa, y solo podía precisar con exactitud que a cosa de las dos entró en el casino y jugó su partida de poker, y ahora, después de rápida ojeada a los diarios, estaba allí, invadido por un hastío mortal, detestando la realidad, el momento, el punto del espacio en que se determinaba su existir; criticando implacablemente, con dolorosa exasperación, el vacío de los goces materiales de la civilización, enervante, que no basta, que irrita la concupiscencia del espíritu al satisfacer la del cuerpo. «Yo he comido, he bebido y me he recreado, pero hay algo en mí que tiene hambre, y sed, y se queja, y llora...»

Sobre todo lo sucedido durante el día; sobre las impresiones, en su mayor parte físicas, destacábase una del orden intelectual referente a cierta conversación oída a la hora del café, en el gabinete Luis XVI de la señora de Armería. El artista —un gran músico— hablaba con el académico del simbolismo de Wagner. Trataban del palacio o basílica del Santo Grial, y el académico afirmaba que era una idea de los Templarios, empeñados en construir el misterioso templo de Salomón y encerrar en él la clave y el significado de la creación entera. «Allí —decía el sabio— supusieron que había de custodiarse el vaso de la redención, nada menos que el Santo Grial, que contiene líquida, fresca y ardiente la sangre de Cristo, recogida por José de Arimatea. ¿No nota usted qué simbolismo tan precioso? ¿Y no le encanta el sentido profundo de la condición impuesta a los que han de ver con sus ojos el invisible Grial? Para ver el Grial es estrictamente necesario...» Raimundo recordó que, al llegar aquí, la señora a quien después acompañó, la que olía a white rose, le había llamado, golpeándole suavemente en la manga del frac con el abanico. «Dígame usted qué hay del lance de la Jaruco con la Lobatilla, anoche en el teatro... Parece que fue delicioso...» Y Raimundo, mientras el cigarrillo turco se consumía, experimentaba una indefinible desazón, angustia, pena; un anhelo vehemente por enterarse de lo que es necesario si se ha de ver, con los ojos de la cara y después con los ojos del alma, el invisible Grial...

Entornando los párpados, Raimundo perdió de vista el salón del Casino, su lujo vulgar, sus dorados insolentes, sus cortinajes de tapicería industrial y moderna, su alumbrado eléctrico excesivo; y, poco a poco, con la lentitud de los fenómenos naturales, cambió la decoración y, sobre el fondo del éter, surgió un edificio singular y espléndido. Era redondo como el planeta que habitamos, y tan alto que su cúpula majestuosa se confundía con las nubes. Por su bóveda de un azul de zafiro, tachonada de brillantes, giraban un disco grande de oro y otro más pequeño, de plata, representación del Sol y la Luna; y al girar, producían los discos una música a maravilla armoniosa y dulce, que casi no se escuchaba sino con la mente. El suelo del edificio, revestido de traslúcido y refulgente cristal, mostraba en relieve peces, monstruos marinos, rocas, algas y corales, representando la extensión y variedad del Océano.

Correspondiendo a los cuatro puntos cardinales, las estatuas de oro de los cuatro evangelistas decoraban el pórtico del edificio, y por vidrieras esmaltadas, fijas en ventanas góticas del trabajo más exquisito, entraba la luz, refractándose y descomponiéndose en las franjas de pedrería que se engastaban en las paredes. Trepaba por éstas, caprichosamente entrelazada a las columnas, colgando sus festones por las arcadas hasta la altura de la bóveda, una asombrosa vid; sus hojas eran de esmeralda y los racimos de granate, pero tan redondos y bien tallados, que parecían uvas verdaderas llenas y maduras. Raimundo sintió impulsos de extender la mano, coger un racimo y refrigerarse... «Es el templo del Santo Grial, no hay duda —discurría Raimundo—, y ahí, en el centro, donde se condensa una nube blanca, aljofarada, como formada de gotitas de rocío; sobre ese pedestal de ónice debe de encontrarse el vaso divino de que oí hablar y que contiene la Sangre..., el Grial mismo». Impulsado por esta idea, acercóse, alargó los brazos para disipar la nubecilla, y el rocío, en perlitas menudas, le mojó las manos y el rostro; pero nada vio; cegábale la humedad, y el rocío corría por sus mejillas a manera de un arroyo de llanto.

Mientras se desesperaba y maldecía, he aquí que vienen lentamente, de los cuatro puntos cardinales señalados por estatuas de oro, largas teorías de figuras vestidas de blanco, de rojo, de ricos tisúes, de andrajos míseros. Cantando himnos de gozo, diríganse al santuario en que Raimundo solo encontraba lágrimas, y llegados al pie de la nube, se postran, adoran, alzan las manos con extático terror, o cruzan los brazos sobre el pecho, dando, en fin, muestras de contemplar algo celeste que los sumía en transportes de beatitud.

Acercóse Raimundo a uno de los devotos, muchacho como de quince años, pálido, demacrado, ascético, capullo marchito por el hielo antes de abrirse, y le preguntó humildemente:

—¿Dónde estamos? ¿Cómo se llama este edificio tan admirable?

109

El adolescente, sin alzar los ojos, respondió:
—Se llama el palacio del Santo Grial, representación del universo. ¡Es un símbolo! Todo lo creado es palacio del Santo Grial para las almas puras y los corazones fervorosos. Dondequiera encontraremos este palacio: mejor dicho, lo llevamos en nuestra compañía.
—¿Y la nube? —insistió Raimundo—. ¿Qué hay detrás de ella?
—¿Nube? —replicó el adolescente—. ¡Pobre ciego! ¡Si ahí no existe nube! ¡Si ahí resplandece el Grial, el vaso sacrosanto! —y su voz, al decirlo, temblaba de amor y de alegría, de compasión y de fervor.
—¡El Grial! —exclamó Raimundo—. ¡Debo de estar ciego, sí; ciego del todo! ¡Por caridad!, ¡oh bienaventurado!, ¡dime... dime qué se necesita para ver el Santo Grial!
El jovencillo clavó en Raimundo sus pupilas color de amatista, y con piedad inmensa, con una caridad que encendía su mirar, arrancándole destellos de piedra preciosa, pronunció:
—¡Se necesita no ser pagano!...
Y Raimundo, ya despierto, saltó en el diván y oyó el choque de los tacos y el sordo rodar de las bolas de marfil, y las risas, y las voces, y percibió los efluvios del conocido perfume de white rose, que le causaron náusea...
El Imparcial, 3 de agosto de 1898.

El talismán

La presente historia, aunque verídica, no puede leerse a la claridad del Sol. Te lo advierto, lector, no vayas a llamarte a engaño: enciende una luz, pero no eléctrica, ni de gas corriente, ni siquiera de petróleo, sino uno de esos simpáticos velones típicos, de tan graciosa traza, que apenas alumbran, dejando en sombra la mayor parte del aposento. O mejor aún: no enciendas nada; salte al jardín, y cerca del estanque, donde las magnolias derraman efluvios embriagadores y la Luna rieles argentinos, oye el cuento de la mandrágora y del barón de Helynagy.

Conocí a este extranjero (y no lo digo por prestar colorido de verdad al cuento, sino porque en efecto le conocí) del modo más sencillo y menos romancesco del mundo: me lo presentaron en una fiesta de las muchas que dio el embajador de Austria. Era el barón primer secretario de la Embajada; pero ni el puesto que ocupaba, ni su figura, ni su conversación, análoga a la de la mayoría de las personas que a uno le presentan, justificaban realmente el tono misterioso y las reticentes frases con que me anunciaron que me lo presentarían, al modo con que se anuncia algún importante suceso.

Picada mi curiosidad, me propuse observar al barón detenidamente. Parecióme fino, con esa finura engomada de los diplomáticos, y guapo, con la belleza algo impersonal de los hombres de salón, muy acicalados por el ayuda de cámara, el sastre y el peluquero —goma también, goma todo—. En cuanto a lo que valiese el barón en el terreno moral e intelectual, difícil era averiguarlo en tan insípidas circunstancias. A la media hora de charla volví a pensar para mis adentros: «Pues no sé por qué nombran a este señor con tanto énfasis.»

Apenas dio fin mi diálogo con el barón, pregunté a diestro y siniestro, y lo que saqué en limpio acrecentó mi curioso interés. Dijéronme que el barón poseía nada menos que un talismán. Sí, un talismán verdadero: algo que, como la «piel de zapa» de Balzac, le permitía realizar todos sus deseos y salir airoso en todas sus empresas. Refiriéronme golpes de suerte inexplicables, a no ser por la mágica influencia del talismán. El barón era húngaro, y aunque se preciaba de descender de Tacsonio, el glorioso caudillo magiar, lo cierto es que el último vástago de la familia Helynagy puede decirse que vegetaba en la estrechez, confinado allá en su vetusto solar de la montaña. De improviso, una serie de raras casualidades concentró en sus manos respetable caudal:

111

no solo se murieron oportunamente varios parientes ricos, dejándole por universal heredero, sino que al ejecutar reparaciones en el vetusto castillo de Helynagy, encontróse un tesoro en monedas y joyas. Entonces el barón se presentó en la corte de Viena, según convenía a su rango, y allí se vieron nuevas señales de que solo una protección misteriosa podía dar la clave de tan extraordinaria suerte. Si el barón jugaba, era seguro que se llevaba el dinero de todas las puestas; si fijaba sus ojos en una dama, en la más inexpugnable, era cosa averiguada que la dama se ablandaría.

Tres desafíos tuvo, y en los tres hirió a su adversario; la herida del último fue mortal, cosa que pareció advertencia del Destino a los futuros contrincantes del barón. Cuando éste sintió el capricho de ser ambicioso, de par en par se le abrieron las puertas de la Dieta, y la secretaría de la Embajada en Madrid hoy le servía únicamente de escalón para puesto más alto. Susurrábase ya que le nombrarían ministro plenipotenciario el invierno próximo.

Si todo ello no era patraña, efectivamente merecía la pena de averiguar con qué talismán se obtienen tan envidiables resultados; y yo me propuse saberlo, porque siempre he profesado el principio de que en lo fantástico y maravilloso hay que creer a pie juntillas, y el que no cree —por lo menos desde las once de la noche hasta las cinco de la madrugada—, es tuerto del cerebro, o sea medio tonto.

A fin de conseguir mi objeto, hice todo lo contrario de lo que suele hacerse en casos tales; procuré conversar con el barón a menudo y en tono franco, pero no le dije nunca palabra del talismán. Hastiado probablemente de conquistas amorosas, estaba el barón en la disposición más favorable para no pecar de fatuo y ser amigo, y nada más que amigo, de una mujer que le tratase con amistosa franqueza. Sin embargo, por algún tiempo mi estrategia no surtió efecto alguno: el barón no se espontaneaba, y hasta percibí en él, más que la insolente alegría del que tiene la suerte en la mano, un dejo de tristeza y de inquietud, una especie de negro pesimismo. Por otro lado, sus repetidas alusiones a tiempos pasados, tiempos modestos y oscuros, y a un repentino encumbramiento, a una deslumbradora racha de felicidad, confirmaban la versión que corría. El anuncio de que había sido llamado a Viena el barón y que era inminente su marcha, me hizo perder la esperanza de saber nada más.

Pensaba yo en esto una tarde, cuando precisamente me anunciaron al barón. Venía, sin duda, a despedirse y traía en la mano un objeto que depositó en la mesilla más próxima. Sentóse después, y miró alrededor como para cerciorarse de que estábamos solos. Sentí una emoción profunda, porque adiviné con rapidez intuitiva, femenil, que del talismán iba a tratarse.

—Vengo —dijo el barón— a pedirle a usted, señora, un favor inestimable para mí. Ya sabe usted que me llaman a mi país, y sospecho que el viaje será corto y precipitado. Poseo un objeto..., una especie de reliquia..., y temo que los azares del viaje... En fin, recelo que me lo roben, porque es muy codiciada, y el vulgo le atribuye virtudes asombrosas. Mi viaje se ha divulgado; es muy posible que hasta se trame algún complot para quitármela. A usted se la confío; guárdela usted hasta mi vuelta, le seré deudor de verdadera gratitud.

¡De manera que aquel talismán precioso, aquel raro amuleto estaba allí, a dos pasos, sobre un mueble, e iba a quedar entre mis manos!

—Tenga usted por seguro que si la guardo, estará bien guardada —respondí con vehemencia—; pero antes de aceptar el encargo quiero que usted me entere de lo que voy a conservar. Aunque nunca he dirigido a usted preguntas indiscretas, sé lo que se dice, y entiendo que, según fama, posee usted un talismán prodigioso que le ha proporcionado toda clase de venturas. No lo guardaré sin saber en qué consiste y si realmente merece tanto interés.

El barón titubeo. Vi que estaba perplejo y que vacilaba antes de resolverse a hablar con toda verdad y franqueza. Por último, prevaleció la sinceridad, y no sin algún esfuerzo, dijo:

—Ha tocado usted, señora, la herida de mi alma. Mi pena y mi torcedor constante es la duda en que vivo sobre si realmente poseo un tesoro de mágicas virtudes, o cuido supersticiosamente un fetiche despreciable. En los hijos de este siglo, la fe en lo sobrenatural es siempre torre sin cimiento; el menor soplo de aire la echa por tierra. Se me cree «feliz», cuando realmente no soy más que «afortunado»: sería feliz si estuviese completamente seguro de que lo que ahí se encierra es, en efecto, un talismán que realiza mis deseos y para los golpes de la adversidad; pero este punto es el que no puedo esclarecer. ¿Qué sabré yo decir? Que siendo muy pobre y no haciendo nadie caso de mí, una tarde pasó por Helynagy un israelita venido de Palestina, y se empeñó en venderme eso, asegurándome que me valdría dichas sin número. Lo compré...,

113

como se compran mil chucherías inútiles..., y lo eché en un cajón. Al poco tiempo empezaron a sucederme cosas que cambiaban mi suerte, pero que pueden explicarse todas..., sin necesidad de milagros —aquí el barón sonrió y su sonrisa fue contagiosa—. Todos los días —prosiguió recobrando su expresión melancólica— estamos viendo que un hombre logra en cualquier terreno lo que se merece..., y es corriente y usual que duelistas inexpertos venzan a espadachines famosos. Si yo tuviese la convicción de que existen talismanes, gozaría tranquilamente de mi prosperidad. Lo que me amarga, lo que me abate, es la idea de que puedo vivir juguete de una apariencia engañosa, y que el día menos pensado caerá sobre mí el sino funesto de mi estirpe y de mi raza. Vea usted cómo hacen mal los que me envidian y cómo el tormento del miedo al porvenir compensa esas dichas tan cacareadas. Así y todo, con lo que tengo de fe me basta para rogar a usted que me guarde bien la cajita..., porque la mayor desgracia de un hombre es el no ser escéptico del todo, ni creyente a machamartillo.

Esta confesión leal me explicó la tristeza que había notado en el rostro del barón. Su estado moral me pareció digno de lástima, porque en medio de las mayores venturas le mordía el alma el descreimiento, que todo lo marchita y todo lo corrompe. La victoriosa arrogancia de los hombres grandes dimanó siempre de la confianza en su estrella, y el barón de Helynagy, incapaz de creer, era incapaz asimismo para el triunfo.

Levantóse el barón, y recogiendo el objeto que había traído, desenvolvió un paño de raso negro y vi una cajita de cristal de roca con aristas y cerradura de plata. Alzada la cubierta, sobre un sudario de lienzo guarnecido de encajes, que el barón apartó delicadamente, distinguí una cosa horrible: un figurilla grotesca, negruzca, como de una cuarta de largo, que representaba en pequeño el cuerpo de un hombre. Mi movimiento de repugnancia no sorprendió al barón.

—¿Pero qué es este mamarracho? —hube de preguntarle.

—Esto —replicó el diplomático— es una maravilla de la Naturaleza; esto no se imita ni se finge; esto es la propia raíz de la mandrágora, tal cual se forma en el seno de la tierra. Antigua como el mundo es la superstición que atribuye a la mandrágora antropomorfa las más raras virtudes. Dicen que procede de la sangre de los ajusticiados, y que por eso de noche, a las altas horas, se

oye gemir a la mandrágora como si en ella viviese cautiva un alma llena de desesperación. ¡Ah! Cuide usted, por Dios, de tenerla envuelta siempre en un sudario de seda o de lino: solo así dispensa protección la mandrágora.
—¿Y usted cree todo eso? —exclamé mirando al barón fijamente.
—¡Ojalá! —respondió en tono tan amargo que al pronto no supe replicar palabra.
A poco el barón se despidió repitiendo la súplica de que tuviese el mayor cuidado, por lo que pudiera suceder, con la cajita y su contenido. Advirtióme que regresaría dentro de un mes, y entonces recobraría el depósito.
Así que cayó bajo mi custodia el talismán, ya se comprende que lo miré más despacio; y confieso que si toda la leyenda de la mandrágora me parecía una patraña grosera, una vil superstición de Oriente, no dejó de preocuparme la perfección extraña con que aquella raíz imitaba un cuerpo humano. Discurrí que sería alguna figura contrahecha, pero la vista me desengañó, convenciéndome de que la mano del hombre no tenía parte en el fenómeno, y que el homunculus era natural, la propia raíz según la arrancaran del terreno. Interrogué sobre el particular a personas veraces que habían residido largo tiempo en Palestina, y me aseguraron que no es posible falsificar una mandrágora, y que así, cual la modeló la Naturaleza, la recogen y venden los pastores de los montes de Galaad y de los llanos de Jericó.
Sin duda la rareza del caso, para mí enteramente desconocido, fue lo que en mal hora exaltó mi fantasía. Lo cierto es que empecé a sentir miedo o, al menos, una repulsión invencible hacia el maldito talismán. Lo había guardado con mis joyas en la caja fuerte de mi propio dormitorio; y cátate que me acomete un desvelo febril, y doy en la manía de que la mandrágora dichosa, cuando todo esté en silencio, va a exhalar uno de sus quejidos lúgubres, capaces de helarme la sangre en la venas. Y el ruido más insignificante me despierta temblando y, a veces, el viento que mueve los cristales y estremece las cortinas se me antoja que es la mandrágora que se queja con voces del otro mundo...
En fin, no me dejaba vivir la tal porquería, y determiné sacarla de mi cuarto y llevarla a una cristalera del salón, donde conservaba yo monedas, medallas y algunos cachivaches antiguos. Aquí está el origen de mi eterno remordimiento, del pesar que no se me quitará en la vida. Porque la fatalidad quiso que

un criado nuevo, a quien tentaron las monedas que la cristalera encerraba, rompiese los vidrios, y al llevarse las monedas y los dijes, cargase también con la cajita del talismán. Fue para mí terrible golpe. Avisé a la Policía; la Policía revolvió cielo y tierra; el ladrón pareció, sí señor, pareció; recobráronse las monedas, la cajita y el sudario... pero el talismán confesó mi hombre que lo había arrojado a un sumidero de alcantarilla, y no hubo medio de dar con él, aun a costa de las investigaciones más prolijas y mejor remuneradas del mundo.

—¿Y el barón de Helynagy? —pregunté a la dama que me había referido tan singular suceso.

—Murió en un choque de trenes, cuando regresaba a España —contestó ella más pálida que de costumbre y volviendo el rostro.

—¿De modo que era talismán verdadero aquel...?

—¡Válgame Dios! —repuso—. ¿No quiere usted concederle nada a las casualidades?

El Imparcial, 8 enero 1894.

Reconciliación

—Yo la aborrecía como el que más —dijo el semifilósofo—, ¡y cuidado que la aborrecen los mortales! Pero se me figura que mi odio revestía un carácter especial de violencia y desprecio. No solo me parecía horrible, sino antipáticamente ridícula, y me burlaba de sus gestos, del aparato que la rodea, de los versos y artículos que inspira, de las industrias que sostiene, de las carrozas figurando templetes, de los cocheros y lacayos «a la Federica»; de las coronas de siemprevivas y violetas de trapo que parecen roscones; de los pensamientos tamaños como berzas sobre cuyas negras hojas reluce, adherido con goma arábiga, un descomunal lagrimón de vidrio... Groseras representaciones simbólicas, que me inspiraban en vez de respeto, mofadora risa, y que me hacían exclamar al encontrarme por las calles un entierro: «Ahí va la última mascarada. Como «me lleven» así..., soy capaz de resucitar y de dar el disgusto magno a mis herederos.»

Quizá «ella» se enteró de que yo la detestaba tan seria y encarnizadamente. Lo cierto es que una noche, de verano y muy apacible, encontrándome en perfecta salud y sin acordarme para nada de la desagradable acreedora de la Humanidad, como me entretuviese en el jardín respirando el suave aroma de los dondiegos y las madreselvas, y recreándome en la fantástica forma que presta la Luna a los árboles y a las lejanías, de pronto vi a la Muerte, a la Muerte en persona, sentada a mi verita, en el mismo banco, y clavando en mí sus profundos ojos de esfinge.

¿Que cómo supe que era la Muerte? ¡Bah! Se la conoce enseguida, ni más ni menos que si la estuviésemos tratando a todas horas. No creáis, sin embargo, que la Muerte se me presentó como suelen pintarla, reducida al estado del mondo esqueleto, armado con una guadaña, sosteniendo un reloj de arena, enseñando los dientes amarillos y entrechocando pavorosamente los huesos. Ésas son fantasías de poetas y pintores. No se necesita reflexionar mucho para comprender que entre lo que llamamos «muerte» y el período en que el cuerpo se convierte en esqueleto pelado media una distancia grande, que solo salva la imaginación, y que significar la Muerte por medio de una armazón óseo, es como si figurásemos el nacimiento con un poquillo de albúmina o un germen invisible.

La Muerte que se me apareció era una bella mujer con todas sus carnes, mórbidas y frescas aún, si bien descoloridas. A no ser por la palidez intensa de la cara y los brazos, que llevaba descubiertos, la Muerte parecería vivir. Sus pupilas grandes, fijas y dilatadas, miraban de un modo interrogador. Vestía —según pude distinguir a la clara luz de la Luna— de una gasa color azul de cielo salpicada de puntitos menudos que relucían como estrellas. Desde que se presentó a mi lado, la templada atmósfera se enfrió, como si soplase una brisa húmeda y glacial.

Al pronto no me atreví a interrogarla. Estoy seguro de que a ti, lector, te sucedería lo mismo: la Muerte, vista de cerca, por más que se adorne, y componga, siempre infundirá una miaja de respeto..., es decir, de asco. Y advirtiendo ella lo que me sucedía, se adelantó a hablarme con voz sumamente dulce, insinuante y melodiosa, que suscitaba el presentimiento o el recuerdo del sonido delicadísimo de una flauta de plata.

—He venido —dijo blandamente— a que hagamos las paces. No me avengo a que todos me miren con repugnancia y a que sea mi nombre un espantajo. ¡Qué injusticia! De venir al mundo deberían espantarse los hombres; pero... ¿de salir de él? Y mira, será chiquillada: lo que más me duele es que me llamen fea. Dime sinceramente: ¿soy fea yo? ¿No es mucho más feo al nacer; no es más prosaico, más doloroso, más sucio, más difícil, hasta más ridículo? Piensa cómo se nace y cómo se muere, y manifiéstame tu opinión. Muertes bellas, heroicas, grandiosas, recordarás infinitas; nacimiento heroico no sé de ninguno. El hombre, cuando nace, solo afirma su existencia orgánica. Al morir, en cambio, ¡cuántas cosas grandes se han afirmado generosamente: ideas altas y nobles, santas creencias, sentimientos ardientes y profundos! ¿No es cierto que hay vidas que no tienen más valor ni más significación que la que yo vengo a prestarles en un momento supremo? Hubo hombres —a centenares— que solo viven porque murieron bien.

—Estoy enterado —contesté de mala gana—. Un bel morir... como dijo no sé quién... Y a fe que no soy el único que ignora quién dijo esa sobada frase. Tu tienes razón, hermana Muerte; pero, mira, no lo podemos remediar; no nos haces gracia. Desde que estás ahí, ¡por ejemplo!, siento frío y se me ha encogido el corazón.

—Sin embargo, apostaré a que me vas encontrando menos fea, y, sobre todo, ya no te parezco risible. Estoy segura de llegar a agradarte, a conquistarte, si me sigues tratando. ¡Quién sabe! ¡Podrás amarme quizá! En eso me diferencio también de la Vida. A ésta se la recibe con alegría y alborozo; se espera de ella todo lo bueno, todo lo apetecible, las cosas más bonitas y seductoras... Y pregúntale a tus semejantes, pregúntate a ti mismo, si la insolente ladrona desuellacaras cumple lo que prometió. ¡Pregunta, sí, si alguien queda satisfecho de ella, si hay quien no la maldiga, si hay quien, después de arrancarle la máscara, se aviene a recibirla de nuevo con su secuela de dolores, berrinches y aburrimiento intolerable! En cambio, ¿quién se queja de mí? ¡Observa cómo los que yo me llevo dejan traslucir en sus facciones inexplicable alivio, expresión de conformidad, de sosiego dulce y plácido! Es que yo les colmo a todos las medidas. Doy a cada cual lo que soñó.

—Eres una elocuente abogada —respondí a la Muerte procurando desviarme de ella con disimulo—, y casi me vas persuadiendo; sin embargo, hay en ti algo difícil de soportar, y es eso de que no sepamos adónde nos conduces.

—¿Será a sitios peores que la Tierra?

—Imposible —respondí con gran fe.

—La palabra que acabas de pronunciar es la condena de la vida —respondió la mujer pálida, fascinándome con sus enigmáticos ojos y atrayéndome como atrae lo desconocido, hasta tal punto que, involuntariamente, me acerqué a ella; y notándolo, me sonrió, y me pasó por la cara unas flores marchitas que olían a cera y a incienso. Al respirarlas, empecé a sentir que la Muerte es una sirena.

—Lo que no te perdono —exclamé reaccionando— es tu maldad, tu impía y cruel acción de llevarte a los que amamos. Comprendo que si me llevas no resistiré ni protestaré; pero, ¡ay de ti si te acercas a los seres preferidos! ¿Cómo no quieres que te maldigan los que te ven llegar tranquila e inevitable, cuchillo en mano, para separarle el corazón en dos mitades, llevarte la una y dejar la otra aquí llorando gotas de sangre y hiel? Vamos, Muerte, ahora sí que no tienes nada que alegar en tu defensa. Jamás nos reconciliaremos contigo si tocas a un pelo de la cabeza sagrada. Por eso te llamamos tirana y odiosa; por eso tu aspecto nos crispa y nos indigna, y nunca nos habituaremos a ti, maldición de Dios que pesa sobre nosotros.

La mujer del rostro pálido permaneció algún tiempo callada, sin contestar a mi invectiva. Al fin, lentamente, puso mano de hielo en mi hombro y dijo con acento que penetraba hasta las últimas capas del cerebro:
—Es cierto que separo a los que se aman, que desanudo los brazos, que aíslo las bocas, que pongo entre los cuerpos la valla de bronce del sepulcro, que traigo al espíritu la indiferencia, a la memoria el sopor, que me río irónicamente de los juramentos en que se invocó la eternidad, y que el llanto no me apiada, ni el dolor me importa... Pero ¡en cambio!...
—En cambio..., ¿qué? No hay beneficio que tanto daño pueda compensar.
—Sí lo hay. En cambio..., ¡óyeme bien!... Soy la vengadora segura, infalible, que nunca falta. Tarde o temprano cumplo los sacrílegos deseos y entrego al enemigo la cabeza del enemigo.
Y pasó por la faz de mármol de la muerte una vaga sonrisa de complicidad con la pasión, pasión que en aquel momento sentí con rubor que me subyugaba. Reconciliado enteramente con el espectro, le tendí los brazos en un transporte de rencor satisfactorio y de feroz alegría... Y no tuve tiempo de avergonzarme y arrepentirme de este anticristiano impulso, porque la Muerte había desaparecido y solo quedaba a mi alrededor el silencio, el olor de las madreselvas, la Luna convirtiendo en lago sin límites las lejanías y los términos del valle, y la majestad tranquila de la inmortal Naturaleza.
El Imparcial, 11 febrero 1895.

La moneda del mundo
Érase un emperador (no siempre hemos de decir un rey) y tenía un solo hijo, bueno como el buen pan, candoroso como una doncella (de las que son candorosas) y con el alma henchida de esperanzas lisonjeras y de creencias muy tiernas y dulces. Ni la sombra de una duda, ni el más ligero asomo de escepticismo empañaba el espíritu juvenil y puro del príncipe, que con los brazos abiertos a la Humanidad, la sonrisa en los labios y la fe en el corazón, hollaba una senda de flores.

Sin embargo, a su majestad imperial, que era, claro está, más entrada en años que su alteza, y tenía, como suele decirse, más retorcido el colmillo, le molestaba que su hijo único creyese tan a puño cerrado en la bondad, lealtad y adhesión de todas cuantas personas encontraba por ahí. A fin de prevenirle contra los peligros de tan ciega confianza, consultó a los dos o tres brujos sabihondos más renombrados de su imperio, que revolvieron librotes, levantaron figuras, sacaron horóscopos y devanaron predicciones; hecho lo cual, llamó al príncipe, y le advirtió, en prudente y muy concertado discurso, que moderase aquella propensión a juzgar bien de todos, y tuviese entendido que el mundo no es sino un vasto campo de batalla donde luchan intereses contra intereses y pasiones contra pasiones, y que, según el parecer de muy famosos filósofos antiguos, el hombre es lobo para el hombre. A lo cual respondió el príncipe que para él habían sido todos siempre palomas y corderos, y que dondequiera que fuese no hallaba sino rostros alegres y dulces palabras, amigos solícitos y mujeres hechiceras y amantes.

—Eres príncipe, eres mozo, eres gallardo —advirtió el viejo meneando la cabeza—, y por eso juzgas así. Mas yo, como padre, debo abrirte los ojos y que te sirva de algo mi experiencia. Sométete a una prueba y me dirás maravillas. Ponte al cuello este amuleto mágico, y ve recorriendo las casas de tus mejores amigos... y amigas. Pregúntales si te quieren de veras y pídeles una moneda en señal de cariño. Te la darán muy gustosos; recógelas en un saco y vuélvete aquí con la colecta.

Obedeció el príncipe, y a la tarde regresó a palacio con un saco de dinero tan pesado, que lo traían entre dos pajes.

—Ahora —mandó el emperador— que has recogido fondos, disfrázate de artesano o de labriego y vete por esos caminos, pagando tus gastos con las monedas que te dieron hoy.

Cumplió el príncipe la orden y salió solo y en humilde traje, llevando en el cinto, bolsa y calzas el dinero de su coleta. En la primera posada donde paró ya quisieron apalearle por pretender pagar con moneda falsa el gasto. En la segunda, le apalearon de veras. Y en la tercera, echóle mano la Santa Hermandad, por falso monedero; hasta que, compadecidos de sus lágrimas, le soltaron los cuadrilleros en una aldea, donde resolvió no presentar más el dinero de sus amigos... y amigas y regresar a palacio pidiendo limosna.

Cuando llegó ante su padre, y éste le vio tan pálido, tan deshecho, tan maltratado y tan melancólico, le preguntó con aire de victoria:

—¿Qué tal la moneda del mundo?

—De plomo, padre... Falsísima... Pero lo que yo lloro no es esa moneda, sino otra de oro puro que también perdí.

—¿Cuál, hijo mío?

—Mis ilusiones, que me hacían dichoso —sollozó el príncipe; y mirando a su padre con enojo y queja, se retiró a su cuarto, en el cual se encerró para siempre, pues de allí solo salió a meterse cartujo, quedándose el imperio sin sucesor.

Entrada de año

Fresco, retozón, chorreando juventud, el Año Nuevo, desde los abismos del Tiempo en que nació y se crió, se dirige a la tierra donde ya le aguardan para reemplazar al año caduco, perdido de gota y reuma, condenado a cerrar el ojo y estirar la pata inmediatamente.

Viene el Año Nuevo poseído de las férvidas ilusiones de la mocedad. Viene ansiando derramar beneficios, regalar a todos horas y aun días de júbilo y ventura. Y al tropezar en el umbral de la inmensidad con un antecesor, que pausadamente y renqueando camina a desaparecer, no se le cuece el pan en el cuerpo y pregunta afanoso:

—¿Qué tal, abuelito? ¿Cómo andan las cosas por ahí? ¿De qué medios me valdré para dar gusto a la gente? Aconséjame... ¡A tu experiencia apelo!...

El Año Viejo, alzando no sin dificultad la mano derecha, desfigurada y llena de tofos gotosos, contesta en voz que silba pavorosa al través de las arrasadas encías.

—¡Dar gusto! ¡Si creerá el trastuelo que se puede dar gusto nunca! ¡Ya te contentarías con que no te hartasen de porvidas y reniegos! De las maldiciones que a mí me han echado, ¿ves?, va repleto este zurrón que llevo a cuestas y que me agobia... ¡Bonita carga!... Cansado estoy de oír repetir: «¡Año condenado! ¡Año de desdichas! ¡Año de miseria! ¡Año fatídico! Con otro año como éste...» Y no creas que las acusaciones van contra mí solo... Se murmura de «los años» en general... Todo lo malo que les sucede lo atribuyen los hombres al paso y al peso de los años... ¡A bien que por último me puse tan sordo, que ni me enteraba siquiera!...

Aquí se interrumpe el Año decrépito, porque un acceso de tos horrible le doblega, zamarreándole como al árbol secular el viento huracanado. Y el Año mozo, que ni lleva pastillas de goma ni puede entretenerse en cuidar catarros y asmas, prosigue su camino murmurando con desaliento:

—Adiós, abuelito... Aliviarse... Se hace tarde y voy muy de prisa...

Al entrar en la Tierra, sentíase descorazonado. Como suele decirse, se le había caído el alma a los pies, y además creía herida su dignidad y ofendida su rectitud al acercarse a gentes que le maldecirían y le achacarían, sin razón, sus adversidades y desventuras.

Hasta tal extremo fatiga esta cavilación al muchacho —advierto que el año de mi historia era muy delicado y pundonoroso—, que decide apelar a una especie de plebiscito. Si le rechaza la mayoría, si en él ven un enemigo los mortales, hállase resuelto a suprimirse, a disolverse en la nada, borrando antes con el dedo las cifras de su nombre ya escritas en la gigantesca y negra pizarra del Destino. Un suicidio por decoro antes que una vida detestable entre la universal execración.

Con tan firme propósito, el Año Nuevo, vagando por las calles de populosa ciudad, cruza la primera puerta que ve franca, por la cual salen quejidos lastimeros. Sobre duro camastro yace tendida una vejezuela, seca como pergamino, inmóvil. En sus miembros paralizados solo vive el dolor. El año se inclina, compadecido, e interroga a la impedida afectuosamente:

—¿Qué es eso, madre? Mal lo pasamos, ¿eh?

—¡Ay, hijo! Esto se llama rabiar y condenarse... Tengo dentro un perro que me roe los huesos sin descanso... ¡Y sin esperanzas de curación! ¡Cuatro años que llevo así!

—¿De modo que no querrá usted llevar uno más? —exclamó el chico con anhelo—. Porque yo soy el Año que viene ahora, y si usted gusta, puedo quitarme de en medio. Desaparezco por escotillón. Usted descuenta ese añito de los que le faltan de padecer... ¡y a vivir... o a morir, según Dios disponga!

Profundo espanto se pinta en la cara amojamada de la vieja. Brillan de terror sus apagados ojos, y cruzando las manos —solo estaba baldada de la cadera abajo— implora así:

—¡No, Añito del alma, no te vayas, no te quites! No, Añito, eso no. ¡Ya parece que me siento algo aliviada...! ¡Me anuncia el corazón que no has de ser malo como tus antecesores!... ¡Un añito! ¡Y a mi edad, que quedan tan pocos!

Maravillado sale el Año de allí, y como anda tan ligero, presto deja atrás la ciudad y se encuentra en una especie de colonia obrera, albergue de los trabajadores en las minas de azogue.

Sórdida estrechez se delata en el aspecto de las casuchas, y las filas de seres humanos que a la incierta luz del amanecer se dirigen a hundirse en las entrañas de la mina, llevan estampadas en el rostro las huellas del veneno que impregna su organismo. Su palidez verdosa, su temblor mercurial incesante causan escalofrío y miedo.

El Año, espantado de tal vista, se acerca al que más tiembla, que no parece sino muñequillo de médula de saúco bajo la influencia de eléctrica corriente, y le hace la misma proposición que a la vieja tullida.

El temblor del desdichado aumenta. Hiere de pie y de mano, danzando como si le hubiese picado la tarántula maligna. Sus ojos ruegan, sus rodillas se doblan y entre dos zapatetas suplica afligido:

—¡Eso nunca, señor de Año! ¡Por lo que usted más quiera, no me quite un pedazo de la dulce vida! ¡Es el único bien que poseo!

Apártase el Año, entre horrorizado y despreciativo, y con la rapidez propia de su marcha (el tiempo vuela, ya se sabe), al instante llega a orillas del mar, ve un presidio y se introduce en una de sus cuadras.

Residencia para todos odiosa, sombría, mefítica, emponzoñada por hediondas emanaciones, ¿qué será para el hombre que no cesa de dar vueltas a tremenda idea fija: la certidumbre de haber sido condenado sin culpa a cadena perpetua, y de que, mientras se consume en el penal, abrumado de ignominias, el verdadero criminal, que le robó libertad y honor, se pasea tan tranquilo, lisonjeado del mundo, favorecido de la propia mujer del preso?

Y los abyectos compañeros de cadena, al observar en el presidiario inocente un instinto de honradez, una imposibilidad de adaptarse a la degradación, le han tomado por esclavo y víctima, y a fuerza de golpes le obligan a que les sirva y desempeñe los menesteres más bajos.

Cuando el Año penetra en la cuadra, el desdichado preso se ocupa en liar los sucios petates de la brigada toda.

«Lo que es éste, acepta —discurre el Año entre sí—. A vivir semejante, será preferible el nicho.»

Al formular la proposición, seguro de que la oiría con transporte, el Año sonríe; pero el presidiario, apenas comprende, se subleva, chilla, pone las manos como para defender o pegar.

¡No faltaba más! ¡Después de tanta inmerecida desventura, iban a robarle un año de existencia! ¡Enseguida! ¿Y si mañana reconocían su inculpabilidad y le echaban a la calle? ¡Pues hombre!

Confuso y aturdido huye del presidio el Año Nuevo. ¿A qué repetir la tentativa? Nadie quería perder minuto de esta vida tan injuriada y tan perra...

Sin embargo, por tranquilizar su conciencia, recorre el Año los lugares en que se llora, las mansiones del dolor y la necesidad, las famélicas buhardillas, los campos que riega el sudor del labriego, los asquerosos burdeles, los hospitales, los asilos de la mendicidad, las leproserías, las glaciales prisiones siberianas... Doquiera le dicen «arre allá» cuando pretende cercenarles un año de suplicio...

Ahíto de ver tanta desdicha, el Año quiere reposar una hora en alguna casa alegre, rica y elegante, y se detiene en el palacio de un señor poderoso, a quien rodearon desde la cuna prosperidades y lisonjas, sobre quien llovieron amores, honores y riquezas.

En una estancia que más parece museo, donde tapices de armoniosos tonos apagados sirven de fondo a relucientes y arrogantes armaduras antiguas; recostado en un sillón guadamecí, descansando la sien sobre el puño, está el potentado, siguiendo con lánguido mirar los reflejos de la llama que arde en la chimenea.

«¿Qué dirá éste de mi proposición? —calcula el Año—. Saltará al oírla. Me cruzo con aquella tizona, de fijo.»

¡Y por chancearse, por curiosidad, ofrece el consabido trato... Doce meses menos, un recorte en la tela del vivir!... Alza la frente el magnate, sonríe penosamente, y tendiendo la diestra, farfulla como si tuviese pereza de hablar:

—Convenido: venga esa mano... ¡Doce meses de aburrimiento que desquito! Mil gracias... No tengo arranque para pegarme un tiro; pero así, indirectamente, es otra cosa...

Y entonces el Año Nuevo se encoge de hombros, alejase de la señorial mansión, y anuncia a son de trompeta, en calendarios y diarios, su entrada en la casa de locos de la Humanidad.

Tiempo de ánimas
No cuento ni conseja, sino historia.
La costa de L••• es temible para los navegantes. No hay abra, no hay ensenada en que puedan guarecerse. Ásperos acantilados, fieros escollos, traidoras sirtes, bajíos que apenas cubre el agua, es cuanto allí encuentran los buques si tuercen poco o mucho el derrotero. Y no bien se acerca diciembre y las tempestades del equinoccio, retrasadas, se desatan furiosas, no pasa día en que aquellas salvajes playas no se vean sembradas de mil despojos de naufragio. Favorable para la caza la estación en que el otoño cede el paso al invierno, con frecuencia la pasábamos en L•••, y más de una vez sucedió que Simón Monje —alias el Tío Gaviota— nos trajese a vender barricas de coñac o cajas de botellas pescadas por él sin anzuelo ni redes. El apodo de Simón dice bien claro a qué oficio se dedicaba desde tiempo inmemorial el viejo ribereño.
Las gaviotas, como todos saben, no abaten el vuelo sobre la playa sino al acercarse la tormenta y alborotarse el mar. Cuando la bandada de gaviotas se para graznando cavernosamente y se ven sobre la arena húmeda millares de huellas de patitas que forman complicado arabesco, ya pueden los marineros encomendarse a la Virgen, cuya ermita domina el cabo: mal tiempo seguro. A la primera racha huracanada, al primer bandazo que azota el velamen de la lancha sardinera, Simón Monje salía de su casa, y así que la mar se atufaba por lo serio en las largas noches del mes de Difuntos, solía verse vagar por los escollos una lucecica. El farol de Gaviota, que pescaba.
No era bien visto en la aldea Simón. Al fin y a la postre, mientras los demás se rompían el cuerpo destripando terrones o exponían la vida saliendo a la costera del múgil, él, en unos cuantos días revueltos, garfiñaba, sabe Dios cómo, lo suficiente para prestar onzas a rédito y pasar descansadamente el año. Además, el aspecto de Gaviota confieso que también a mí me parecía antipático y una miaja siniestro... Cara amarilla, nariz ganchuda, barba saliente que con la nariz se juntaba, mirar torvo y receloso, párpados amoratados, greñas color ceniza, componían una cabeza repulsiva, aunque con rasgos inteligentes. Sin embargo, aparte de su equívoca profesión de pescador de despojos, no daba Simón pretexto a las murmuraciones de la aldea. Puntual en el pago del canon de la renta de su vivienda, foro nuestro, servicial y respetuoso con los señores, moro de paz con sus iguales, demostraba además una devoción

extraordinaria, desviviéndose por el culto de la Virgen de la ermita. Gracias a Simón, la lámpara no se apagaba nunca, sobraba la cera y dos veces al año se celebraba en el santuario función solemne costeada por el viejo. Una de las funciones se verificaba invariablemente durante el mes de Ánimas y en sufragio de las almas de los náufragos cuyos restos escupía a veces el oleaje contra los escollos o sobre el playal. Y esta misa de Difuntos la oía Gaviota postrado, la faz contra el suelo, barriendo el piso con las canas, repitiendo por centésima vez la súplica de perdón de su horrendo pecado que no se resolvía a confesar, pues el que se confiesa ha de restituir, y si él restituyese tendrá que despojarse de su oro, y su oro lo tenía aún más adentro en el corazón que el remordimiento y que el temor de la divina Justicia...

En la estación veraniega, mientras el mar luce sonrisa de azur, mientras el arenal es de oro, las olas fosforecen de noche y las algas flotan suavemente bajo el cristal del agua nítida, Gaviota olvida a ratos la historia terrible y disfruta en paz sus ganancias. Lo malo es que llega octubre, que el celaje se espesa en cúmulos de plomo, que gimen y rugen el viento y la resaca, y que la bruma, al desgarrar sus densos tules en los picos de los peñascos, finge fantasmas envueltos en sudarios blanquecinos... Y viene el mes de los muertos, el mes en que el otro mundo se pone en relación con nosotros, el mes en que la atmósfera se puebla de espíritus invisibles, en que un vaho de lágrimas, ascendiendo del Purgatorio, humedece el aire..., y entonces Gaviota, a cada viaje a la playa en busca de botín, siente el terror helarle más la sangre en las venas, y sus dedos, que un día se ciñeron al pescuezo de un hombre vivo aún para acabar de asfixiarle y quitarle a mansalva el cinto pletórico de monedas, se crispan y se fijan paralizados, como si ya los agarrotase la agonía. «Confesarse, restituir», sugiere la conciencia; pero el instinto repite: «Adquirir, adquirir más», y afianzando el farolillo, dejando que la áspera brisa seque el sudor del miedo en las sienes, allá va Gaviota entre las tinieblas a espigar lo que lanzan los abismos...

Bien se acuerdan en la parroquia de L•••; el último merodeo de Simón fue la noche de Difuntos del año pasado. Aunque pudiesen olvidar lo que a Gaviota sucedió no olvidarían la tempestad tan horrible que se llevó el campanario de la ermita y arrancó de cuajo muchos pinos del pinar que la rodea. Frenético, delirante, el Océano quería tragarse la orilla; el trueno asordaba, el rayo cegaba y el empuje del vendaval parecía estremecer las rocas hasta sus profundas bases, alzando montañas líquidas que empezaban por ser una línea gris en el horizonte; luego, un monstruo de enormes fauces y cabellera blanquísima, galopando hacia tierra como para devorarla. Ninguna barca salió a la mar; las mujeres acudieron al santuario a pedir por los que en ella anduviesen, y como si la Virgen hubiese extendido la mano, al anochecer se quedó el viento y se adormecieron las olas. A poco, si los de la aldea no se hubiesen encerrado en sus casuchas, podrían ver la luz del farolillo de Gaviota oscilando entre las tinieblas por lo más escabroso de la orilla.

Al pie de los bajos que llamaremos de Corveira fijóse la vagarosa luz. Simón la había dejado en el hueco de una peña y registraba el playazo. Conocía perfectamente los sitios adonde las corrientes traen la presa, y tanto los conocía, que cabalmente había sido «allí»... Los dientes de Simón castañeteaban: ¡aquella noche de noviembre pertenecía a los muertos! Saltando de charco en charco y de escollo en escollo, dirigióse a un recodo del cantil, donde su mirada penetrante distinguía un bulto de extraña forma, probablemente un mueble, un lío de ropa, señal cierta del desastre de una gran embarcación. Frío espanto clavó a la arena los pies de Gaviota al advertir que no era sino un cuerpo humano..., el cuerpo de un náufrago. Entre las sombras blanqueaba vagamente el rostro, negreaba la vestimenta, se dibujaban y acusaban las formas...

El primer impulso de Simón fue huir. Duró un instante. La codicia se la disfrazaba de humanidad. «Puede estar vivo, y quién sabe si «a éste» lo salvo.» Cogió el farolillo y acercóse titubeante como un ebrio. Llegó la claridad a la cara del náufrago: un rostro juvenil, tumefacto, congestionado, helado. «Bien muerto está...» Entonces reparó en el traje rico, en la cadena de oro que cruzaba el chaleco: el infeliz, sin duda, se había arrojado vestido al agua, y los dedos ganchudos del Gaviota deslizáronse, afanosos, hasta los bolsillos del chaleco, repletos, abultados. Probablemente en esta tarea hizo el peso de Simón jugar los músculos pectorales del cadáver que ya se creían inmóviles hasta el solemne día del Juicio. Solo así explicaron los médicos que el rígido brazo pudiera erguirse de pronto y la yerta mano caer sobre las mejillas de Simón.

A la gente de L•••, la explicación no le satisface; es más, no la comprende siquiera. ¿Quién mueve el brazo de un difunto para abofetear a un criminal empedernido sino esa misma fuerza que alza en el mar la ola y agrupa en el cielo las nubes: la fuerza de la eterna Justicia?

129

Guardó cama dos días el Tío Gaviota: uno vivo, otro de cuerpo presente: al tercero lo enterraron. Se había confesado con muchas lágrimas y ejemplar arrepentimiento.
El Imparcial, 11 diciembre 1989.

El antepasado

—Durante la temporada de los baños de mar —dijo Carmona, nuestro proveedor de historias espeluznantes— hice migas con un muchacho que ostenta un apellido precioso, mitad español y mitad italiano, evocador de nuestras glorias pasadas: Ramírez de Oviedo Esforcia. Familiarmente, los que le conocíamos en la linda playa de V••• le llamábamos Fadriquito, y abreviando Fadrí. Existía curioso contraste entre los sonoros y heroicos apellidos de Fadrí y su persona. Era una criatura endeble, anémica, clorótica, de afeminado semblante, de ojos claros y transparentes como el agua de dulce carácter y exquisita finura; y los facultativos, al enviarle a V•••, le habían encargado que viviese en la playa; que se saturase de aire salobre, que se impregnase de sales marinas; en broma, decíamos que para remedio de su sosería, y en realidad, para prestar algún vigor a su empobrecida complexión y a su organismo débil y exangüe. «¡Qué quieren ustedes...! —repetía Fadrí—. Soy huérfano, no tengo quien me cuide... y he de cuidarme solo.»

El joven aristócrata se me aficionó, y juntos nos bañábamos, almorzábamos, salíamos a paseo y concurríamos al casino. Había yo notado en Fadrí una singularidad, que despertó mi instinto de observador: al desnudarse para entrar en las olas, se cuidaba de no descubrir la garganta ni un momento, manteniéndola envuelta en un pañuelo blanco muy ancho, que sustituía por otro, después de arroparse en la sábana con el mayor recato. Los cuellos almidonados de sus camisas subían casi hasta las orejas, y esto, que algunos creyeron afectación de elegancia, lo relacioné con el detalle del pañuelo, sospechando que podría tener por objeto encubrir los estigmas de la escrófula, que llamamos lamparones. Sin embargo, «algo» me indicaba causa distinta para tan excesiva precaución; y un día, a pretexto de echarle la sábana, me arreglé de suerte que el pañuelo quedó en mis manos, y patente la garganta de mi amigo.

Él exhaló un gemido, como si le hubiesen arrancado el vendaje de una llaga; y yo reprimí un grito —tan extraño me pareció lo que veía—. Superaba a mis presentimientos... Destacándose sobre la blancura de los hombros y las espaladas, señalaba el arranque del cuello ancha marca circular, entre sangrienta y lívida, de irregular contorno, semejante a la huella que deja el cuchillo al separar del tronco la cabeza. Diríase que, después de cortada, habían vuelto a colocarla allí, y que al menor movimiento rodaría al suelo. No me quedaría, si sucediese, más helado de lo que me quedé, notando la horrible señal. Fadrí se cubría ya, con trémulas manos, y yo permanecí inmóvil; el asombro me paralizaba la lengua. Por fin, recobrando el uso de la palabra, me deshice en tan sinceras y sentidas excusas, que el pobre muchacho solo contestó a ellas con un abrazo largo y expresivo como amistosa confidencia...

Y la confidencia tenía que seguir al abrazo, por ley natural de las cosas. Acaso Fadrí la deseaba, pues el corazón no resiste fácilmente la pesadumbre de ciertos secretos... Por la tarde nos sentamos sobre una peña de la costa, en lugar solitario y salvaje, y al pavoroso ruido de la resaca se mezcló la voz de Fadrí, relatándome lo que tanto deseaba saber: la historia de la señal.

—Después de cinco años de matrimonio estéril —empezó—, mis padres iban perdiendo la esperanza de tener hijos. Los médicos lo atribuían a la complexión de mi madre, que era enfermiza, nerviosa y de una exaltada sensibilidad; y para que se robusteciese le aconsejaron una larga residencia en el campo y una vida enteramente rústica: de levantarse temprano, acostarse con las gallinas, comer mucho, pasear a pie y evitar todo género de emociones. ¡Sobre todo, las emociones le eran funestas! Para dejarla más tranquila y atender a varios asuntos pendientes, mi padre resolvió no acompañarla a la finca de Castilbermejo, que era el lugar escogido por su amenidad y salubridad, y también porque la familia del mayordomo, gente honrada y adicta, cuidaría y atendería a la señora.

Me agrada Castilbermejo —advirtió mi padre— porque, si bien en los siglos XV y XVI fue una fortaleza donde se batió el cobre, al reconstruirla se convirtió en una casa grande, cómoda y apacible. Ya no queda allí ni rastro de los tiempos crueles..., sino la historia de la cabeza, que supongo es una patraña.

—¿De la cabeza? —preguntó mi madre con interés—. ¿Qué cabeza es ésa?

—¡Nada, mentiras! —se apresuró a exclamar él, ya arrepentido—. Como no estuve en Castilbermejo desde chiquillo, apenas recuerdo...

Ella insistió, y mi padre, de mala gana, dio algunos detalles.

—Pues aseguran que existe en la casa, dentro de un cofre de terciopelo granate, la cabeza de un antepasado, un Esforcia, que degollaron en Italia en el siglo XVI... Parece que fue hijo o sobrino de aquel famoso Galeazzo, el que envenenó a su propia madre, Blanca Visconti... ¡Tonterías, consejas! Ya te estás poniendo pálida, criatura... No debí ni mentar semejante embuste. Calló ella, olvidóse el incidente, y mi madre salió al fin para Castilbermejo, sentándole divinamente los primeros días de rusticación. Según confesó después la pobrecilla, el campo le produjo efectos tan bienhechores, que no pensó en la cabeza del antepasado, aunque la relación de mi padre se había quedado fija en su imaginación vehemente, como un clavo en la pared. El aire puro, el Sol, la paz y el sosiego de la comarca, la leche fresca, la fruta, el sueño tranquilo, los cuidados y sencilla amabilidad de la familia del mayordomo, influyeron tan provechosamente en la señora, que su rostro recobró el color, su estómago el apetito y su carácter la alegría de los pocos años. No obstante, ¿se ha fijado usted en este fenómeno? El campo, si tranquiliza los nervios, también a la larga, por efecto de la soledad y de la misma carencia de cuidados, ocupaciones y distracciones, acaba por exaltar la fantasía. Esto le sucedió a mi madre. Al mes o poco más de residir en Castilbermejo, la idea de la cabeza cortada empezó a preocuparla día y noche —de noche especialmente—. La veía en sueños, destilando sangre, y se despertaba estremecida, a las altas horas, como si un fantasma acabase de tocarla con mano glacial... Comprendiendo —porque era una señora de claro talento— lo quimérico de estas figuraciones, no quería decir palabra de ellas a los que la rodeaban ni preguntar por el cofre de terciopelo, recelosa de que se trasluciese su delirio en la pregunta... Había momentos en que sospechaba que tal vez, positivamente, fuese todo una conseja ridícula; y así, entre incrédula y fascinada decidió registrar la casa, hasta ver confirmados o deshechos sus temores. No sabía ella misma si deseaba o recelaba encontrar la cabeza. Quizá consideraba una desilusión el no descubrir el cofre.

A pretextos de arreglos, muy propios de una dama hacendosa, revolvió la casa de arriba a abajo, escudriñando los desvanes, los sótanos y hasta las bodegas; pero el cofre no aparecía. Cuando ya iba cansándose de pesquisas infructuosas, recibió una carta de mi padre, avisando que llegaba a pasar una semana de campo. Alegre, olvidada momentáneamente de sus quimeras, púsose a arreglar y disponer el vasto aposento que servía de dormitorio, limpiándolo y adornándolo cuanto pudo, trayendo flores del huerto y despejando para guardarropa las hondas alacenas que formaban uno de los lados de la

habitación. En el estante más alto hacinábanse objetos llenos de moho y de humedad, frascos de caza, monturas antiguas, papeles amarillentos; y la hija del mayordomo, que encaramada en una escalera, iba sacando estos trastos, chilló de pronto:
—Aquí hay también uno a modo de cajón... ¿Lo bajo?
—Bájalo —ordenó mi madre, que extendió las manos y recogió cuidadosamente una caja no muy grande, desvencijada, sombría, con herrajes comidos de orín, y cuya tapa, desprendida de los goznes, se ladeó y descubrió en el interior un objeto trágico y terrible: una cabeza cortada, momificada, que aún conservaba parte del pelo y la intacta dentadura.
Fadrí se interpuso, suspiró y clavó los ojos en los míos.
—¡El cofre! —exclamé, sugestionado.
—¡El cofre!... ¡Usted suponga la sacudida nerviosa que sufrió mi madre! Lo que buscaba por toda la casa, el enigma, lo tenía allí, en su cuarto, a dos pasos de su cabecera, en el único sitio que no se le había ocurrido examinar. Cuando llegó mi padre la encontró con unas convulsiones muy violentas. A fuerza de cuidados y cariño, logró que se repusiese un poco, y la sacó enseguida de Castilbermejo. ¡De allí a nueve meses y días nací yo..., con esta señal que usted ha visto!
Volvió a guardar silencio Fadrí, y pregunté, lleno de compasión:
—¿Y... su madre de usted...?
—No pudieron ocultárselo... ¡Fue su perdición, fue lo que acabó de trastornar su cerebro! Murió en la casa de salud del doctor Moyuela..., que prometió con su sistema devolverle la razón... ¿Mal antecedente, verdad? Yo necesito doble método y grandes precauciones... ¡Esas cosas se heredan!

La comedia piadosa

I. Casuística

Ni los años ni los corrimientos habían ofendido demasiadamente la hermosura de doña Petra Regalado Sanz, a quien conocía por Regaladita la buena sociedad de Marineda. De un cabello negro como la pez, aún quedaban abundantes residuos entrecanos, peinados con el arte en sortijillas; de un buen talle y de unas lozanas carnes trigueñas, una persona ya ajamonada y repolluda, pero muy tratable, como dicen los clásicos; de unos ojuelos vivos y flechadores, «algo» que aún podía llamarse fuego y lumbre; de unas manitas cucas, otras amorcilladas, pero hoyosas y tersas como rasolíes. Con tales gracias y prendas, no cabe duda que Regaladita estaba todavía capaz de dar un buen rato al diablo y muchísimas desazones al ángel custodio: por fortuna (apresurémonos a declararlo, no le ocurra al lector a sospechar de la honestidad de nuestra heroína), Regaladita no pensaba en tal cosa, sino muy al contrario, como veremos, y con altísimos y cristianos pensares.

Era viuda, de marido que, por vivir poco, no molestó en extremo, aunque sí lo bastante para que Regaladita le cobrase cierto asquillo a la santa coyunda y se propusiese no reincidir. Disfrutaba una rentita modesta en papel del Estado, suficiente para el desahogo de una señora «pelada», como ella decía. Cortaba el cupón apaciblemente, y ni la apuraban malas cosechas, ni emigraciones, ni desalquilos, ni impuestos, ni litigios, ni otros inconvenientes que traen a mal traer a los propietarios de fincas rústicas y urbanas. En cambio, las alteraciones del orden público y de la paz europea solían causarle jaqueca y flato. Cuando sus amigas veían a Regaladita con ruedas de patata en las sienes, ya se sabe: echaban la culpa a Ruiz Zorrilla o al emperador de Alemania.

Mas no por eso se crea que la vida de Regaladita se deslizaba como manso arroyuelo, exenta de cuidados y de aspiraciones y de poéticas nostalgias. ¡Ah, eso no! Regaladita no se daba por contenta con su «pasar» decoroso, su vivienda abrigada como un nido, sus buenas relaciones y sus frecuentes goces de vanidad al verse más conservada que manzana en el frutero. Regaladita, allá en lo recóndito de su corazón, acariciaba un sueño ambicioso, inverosímil... ¡Nada menos que el de llegar a santa!... ¡Santa a estas alturas!

Penitencia asidua del padre Incienso, todos los sábados, al arrodillarse al pie de la rejilla, manifestaba Regaladita a su confesor firmes y ardientes propósitos de avanzar por el camino de la perfección espiritual, y de tratar rigurosamente al asno, o sea al cuerpo antojadizo y goloso. Entiendan, señores, por Dios, que los antojos del asno de Regaladita no eran antojos de ésos que abochornan. La idea de ciertos feísimos pecados ni cruzaba por su mente. Las tentaciones de sensualidad que Regaladita combatía con amazónico denuedo tenían por causa algún plato sabroso, algún sorbo de rancio jerez, paladeado con morosa delectación: algún abrigo «pintado» que su dueña miraba de frente y de espalda, combinando dos espejos con pueril coquetería; algún par de guantes superfluo, cuyo importe estaría mejor empleado en bonos de la Sociedad de San Vicente; alguna butaca mullida en que se arrellanaba con sobrado gusto para que fuese inocente la complacencia.

El padre Incienso, jesuita avisado y perito en achaques de escrúpulos y conatos de santidad, sonreía con indulgencia, allá para su faja, siempre que Regaladita, con harto sobrealiento por lo incómodo de la postura, le confiaba sus ardientes anhelos de «padecer o morir».

«Muy fondona y acolchada estás tú para echarla de ascética —pensaba el discreto confesor, calmando, lo mejor que sabía, por medio de exhortaciones llenas de profunda sensatez, aquel místico afán—. Vamos a ver: ¿por qué se me aflige usted tanto? ¿Por qué en casa de Veniales repitió de la perdiz estofada y se chupó los dedos? ¡Valiente pecado, hija!... Le voy a poner a usted de penitencia que se coma una patita más para otra vez... Pero ¿cómo le he de decir a usted que la acción de comer es de suyo indiferente, y hasta loable cuando se tiende a reparar las fuerzas y a conservar la salud?...»

No se daba por convencida la pecadora, y escarbando más y más en la conciencia, sacaba otras faltillas que, a fuerza de argucia, disfrazaba de gravísimas infracciones a la ley de Dios.

—No diga usted, padre; es usted demasiado bueno; yo soy terrible, porque no hago sino disparates. El vestido que compré ayer cuesta a cinco pesetas la vara, y en la tienda había telas que aparentaban lo mismo y solo costaban a tres y media. Pude ahorrarme eso... para los pobres. ¡Ya ve usted si hice mal!

—No, hija —contestaba el padre Incienso sin alterarse—. No hizo usted mal; la tela que ha comprado será de más duración, y también más conforme a su posición de usted en el mundo. Son motivos atendibles. No ha de andar usted metida en un saco.

—Padre —murmuraba otras veces la devota—, ha de saber que anteanoche en casa de la marquesa de Veniales, se bailó el vals, y el secretario del Gobierno civil resbaló y fue a dar de narices contra el biombo. Las muchachas se rieron, pero yo me reía más que todas...
—¿De modo que el interesado lo oyese?
—Yo no sé si lo oiría...
—No me parece caritativo, y bueno será que usted se contenga para no ofender ni herir a nadie; sin embargo, tampoco veo ahí motivo para desconsolarse e hipar ahora...
—Sí, señor; que lo hay... Porque ya sabe usted que quiero ser mejor todos los días, y que no viviré tranquila hasta que llegue a conseguir...
—¿A conseguir... qué?
—Lo que han conseguido otras —contestaba Regaladita, bajando los ojos ante la mirada perspicaz y un poquito irónica del padre.
—Hija mía —advertía éste sin descomponerse y en tono melifluo—, ya le he dicho a usted que eso es... ambicionar demasiado, y ociosidades; dispénseme usted la expresión. Conténtese con ser lo que está siendo: una buena señora, que vive cristianamente, sin ofender a Dios en cuestiones de ésas que..., que le ofenden muchísimo, aunque las pueda absolver este tribunal, como usted sabe. Yo no la considero a usted perfecta y, sin embargo, solo le pido que se vaya sosteniendo como hasta aquí, o un poquito más, pero sin esos píos de santidades. Créame usted a mí, yo la conozco. Recuerde usted, hija mía, lo que se cuenta de las santas, y cómo vivieron, y lo que tuvieron que hacer para alcanzar la santidad dichosa. Ayunos, cilicios, mortificaciones de todas clases, penitencias durísimas. ¡Si usted se impusiese un día nada más lo que ellas se imponían a diario, enfermaría usted de peligro, no lo dude! Represéntese usted lo que es llevar a raíz de la carne un cinturón con púas de hierro; piense en un mendrugo de pan añejo, aderezado con ceniza; imagínese una noche en oración, de rodillas y con los brazos en cruz; suponga por cama una tarima, y por cabezal un guijarro.
Regaladita se estremecía al escuchar tan terrorífica pintura; parecíale sentir en las costillas y en los muslos mordeduras de férreos garfios, y en el paladar sabor a ceniza y berzas sin sal ni otro condimento. Una voz burlona susurraba a su oído: «¡Atrévete, cobarde, comodona, golosa; atrévete con esos pinchos

y esas camas de piedra!» Y compungida, y casi con ganas de hacer pucheros, balbució:

—¡Quién sabe, padre! Tal vez sirviese yo para todo eso y mucho más... Usted no me permite nunca que ensaye... ¡No quiere usted que gane coronas en el cielo...!

—¡No, hija, por Dios! Si yo no se lo prohíbo a usted —dijo el padre con socarronería dulcísima—. Puesto que siente usted fervores, no ha de ser su confesor quien la desanime: nada de eso. Le recomiendo, sí, la prudencia...; pero no me opongo. ¡Qué me había de oponer! ¿Desea usted imitar a los santos? Pues enhorabuena, hija; yo la aprobaré, yo me complaceré en sus glorias y merecimientos. No desoiga más la voz de lo alto: empiece, hija, empiece esa tanda de maceraciones que han de igualarla con Santa Catalina, Santa Clara y la Venerable Emmerich... ¡Ea! Desde mañana, libertad para obrar como guste: permiso amplio. ¿Que hábito de estameña? Pues hábito de estameña. ¿Que ayuno? Pues al traspaso. ¿Que cilicio? Un rallador debajo del corsé. ¿Que disciplinas? Yo le puedo prestar unas de alambre; las usó mi maestro, el padre Celís, que, según opinión piadosa, estará en la gloria pidiendo por nosotros...

No supo Regaladita discernir si era chunga o si hablaba formalmente el confesor: y la sospecha de que fuesen delicada burla las palabras del padre acrecentó las ganas de martirio y el propósito de asombrarle, el sábado próximo, con alguna estupenda muestra de santidad.

Lo primero, determinó Regaladita desbaratar su gracioso peinado y sustituirlo por una castaña y dos cortinillas. Llamó a la costurera, y quitando los faralaes a un vestido negro de lana, lo dejó liso y propio para la nueva vida devota. Se lo puso, y como aún sintiese tentaciones de mirarse al espejo, se pegó un suave pellizco para acostumbrarse a prescindir del profano mueble. En la comida suprimió el vino, y como trajesen croquetas muy doradas, su plato predilecto, entornó los ojos, y con una constricción del paladar, que le llenó la boca de saliva, las rechazó con la mano. Solo comió del cocido y una miaja de queso. «Esto del queso lo suprimiré mañana. Hay que ir poco a poco», pensó. De noche, al retirarse, tenía determinado rezar de rodillas una hora u hora y media lo menos. Arrodillóse al pie de la cama, que la criada dejaba entreabierta, y emprendió la tarea con buen ánimo. Los tres primeros dieces del rosario iban sobre ruedas; al cuarto, la blancura de las sábanas distrajo a Regaladita; al quinto, el hueco que esperaba por su humanidad la atrajo como al náufrago el remolino; se levantó, se desabrochó la ropa, la dejó resbalar al suelo... y se tendió a la larga, subiendo hasta la barbilla la colcha y el edredón, y suspirando voluptuosamente... Aquella noche hacía un frío siberiano.

A la mañana se despertó soñolienta, calentita, avergonzada, y más ansiosa que nunca de realizar grandes y heroicas mortificaciones del asnillo. Un incidente casual le sugirió singular idea, penitencia nunca leída en la historia de ninguna santa. Sucedió que la costurera, mujer parlanchina y sencillota, hubo de referir cómo una hermana que tenía, cigarrera por más señas, se había ofrecido, por la salud de un hijo, a visitar a pie el santuario de La Guardia; y no solo a pie, sino calzando zapatos llenos de arena... El santuario de La Guardia dista de Marineda dos leguas de áspero camino.

«¡Yo haré más, mucho más! —pensó Regaladita—. Ya verá el padre Incienso lo que es bueno. Perfeccionar a ese rasgo de devoción.»

En efecto, el sábado, al postrarse en el conocido rincón de la iglesia de San Efrén, la señora, ufanísima, manifestó a su director que, aparte de varias privaciones y maceraciones ejercitadas en la semana, tenía resuelto oír misa en el santuario de La Guardia, el domingo, llegando a él por su pie, y habiendo metido previamente en las botas media docena de garbanzos, con la cual iría en un potro y castigaría bien sus instintos de deleite y molicie.

—Pues hija —respondió el confesor—, me parece un disparate. ¡No dará usted un paso llevando los pies así; se caerá usted redonda! Guíese por mí, y no lo intente siquiera.

—Dios me ayudará —respondió intrépidamente la futura santa.

—Es que se vendrá usted a tierra sin remedio. ¡Bonita figura hará tumbada en mitad del camino!

—¿Y no puede Dios sostenerme?

—Claro que puede; lo que yo dudo es que quiera.

—Padre, me quita usted la esperanza —murmuró Regaladita, casi llorando.

—No, hija, no... la esperanza, nunca. Le represento a usted los inconvenientes, y le aconsejo desista de su empresa, que me parece temeraria. Es lo único que hago.

—¿Me lo prohíbe usted?

—Tanto como prohibir..., no. Si ha hecho usted oferta expresa...

—Oferta hice..., y a la Virgen, y con toda formalidad.
—Pues entonces no hay más que decir. Ya me contará usted el sábado cómo llegó a La Guardia..., si es que el sábado no está coja, patitiesa y asistida de médicos.
No estaba coja, sino más lista que nunca, el sábado siguiente la confesada del padre Incienso. Al verla tan ágil, arrodillándose viva y pizpireta, el jesuita, lleno de curiosidad, se inclinó, prescindiendo de las acostumbradas fórmulas, y preguntando aprisa, con interés extraordinario:
—¿Qué tal? ¿Qué tal? ¿Fuimos a La Guardia?
—¡Ya lo creo que fui! —contestó la santa futura.
—¿Y... esos pies?
—Bien...; sin novedad, como siempre.
—¿Y... cumplió usted toda la oferta? ¿Metió los garbanzos?
—¡Sí por cierto!... ¿No había de meterlos, padre, cuando la oferta en eso precisamente consistía?
—¡Hija, parece un milagro! —exclamó el Padre, sorprendidísimo.
—Padre, milagro no... Porque verá usted... Yo... Mire usted... ¡No se ría! Como los garbanzos me lastimaban tan horriblemente..., que no podía... dar un paso sin desmayarme de dolor..., se me ocurrió... cocerlos..., y después de cocidos... ya marchó todo... como una seda... ¡como una seda..., Padre!
La Ilustración Artística, núm. 551, 1892.

II. Cuaresmal

María del Olvido necesitó, para entrar en el convento, de austerísima regla, dispensa de edad. Era viuda, y solo ofrecía a Dios los últimos años de una vida siempre regalona y feliz, pues en el mundo sor María se llamaba la excelentísima señora doña Pilar Monteverde, y poseía cortijos, dehesas, casas y valores. Al perder a su marido, al encontrarse casi vieja, doña Pilar empezó a pensar seriamente en el negocio del alma. Bueno sería haber pasado aquí una existencia cómoda y deliciosa, siempre que no por eso fuesen a hartarla de tizonazos en el Purgatorio, o sabe Dios si en sitio harto peor y todavía más caliente... Y con la conciencia alborotada y el espíritu lleno de inquietud, se avistó con su confesor y le dijo, sobre poco más o menos:
—Padre, una gran noticia... ¡Sepa usted que he resuelto meterme monja!...
—¿Usted, señora? —exclamó él, aturdido.
—Yo misma. ¿Por qué se pasma tanto, padre? ¿Son las monjas de diferente madera que yo?
—De la misma, pero..., a su edad de usted, y con sus hábitos de bienestar y de lujo, dificilillo veo que se sujete usted a regla ninguna.
—Precisamente por mi edad es por lo que deseo entrar en el claustro. Tengo..., cosa de cincuenta y..., y pico, y he sido tan dichosa, que recelo que he de pagar la cuenta atrasada en el otro mundo. Con excelente salud, rica, adorada por mi esposo, considerada por las gentes..., no me ha faltado, como suele decirse, sino sarna para rascar. Los años que me queden quiero consagrarlos a ganar la gloria, mucha gloria, una gloria de primera, una sillita cerca de la que ocupen los santos. ¿Hago mal?
—Mal, precisamente, no; pero la empresa pide energía y fuerzas..., y pronunciados los votos, no vale arrepentirse. ¡En fin, tiene usted por delante el tiempo del noviciado!...
Las dudas y la frialdad del padre picaron el amor propio de doña Pilar. ¿No la creían a ella capaz de mortificación, de heroísmo en la penitencia y de puntualidad es la observancia de la regla? ¡Ya verían, ya verían lo que sabía hacer por conseguir asiento de preferencia en la gloria! Y doña Pilar, con gran edificación de los marinedinos, entró nada menos que en las monjas de la Buena Muerte, y trocó los vestidos de seda y terciopelo por las estameñas

y el burel de los pobres hábitos, y su vivienda elegante y llena de delicados refinamientos, por la desnuda celda. Las mismas monjas estaban asombradas de la resolución y bizarría de la señora, y como porfiasen en que por fuerza tenía que recordar a cada instante las fruiciones y halagos del mundo, y ella protestase contra tal supuesto, afirmando que lo había olvidado todo, resolvieron que al profesar adoptase el nombre de sor María del Olvido, y María del Olvido la llamaron desde aquel instante. La fecha de la toma del velo se fijó para el Domingo de Pascua.

Importa saber que comían de vigilia el año entero las monjas de la Buena Muerte, y este régimen austerísimo, que con mayor rigor, si cabe, seguían las novicias, no arredró a doña Pilar. Apencó valerosamente con el bacalao y las sardinas, y puso gesto seráfico a los garbanzos con espinaca y a las flatulentas lentejas. Mas llegó la Cuaresma, y las monjas de la Buena Muerte empezaron su redoblado ayuno, sus cuarenta días de abstinencia, lo más parecida posible a la de Cristo en la montaña. El período cuadragesimal lo engañaban las pobres reclusas con vegetales y mendrugos de pan, que adrede dejaban ponerse añejos. Una monja, casi centenaria, era venerada en el convento porque se sustentaba durante la Cuaresma con puches de mijo y unos puñados de harina amasada con aceite...

El primer día de este régimen lo sobrellevó bien la novicia del Olvido. Al segundo notó que el estómago se le contraía y que se le desvanecía la cabeza. Al tercero se sintió morir, pero no quiso dar su brazo a torcer; bajó al coro, según costumbre, y mientras sus labios murmuraban las palabras del rezo, extraña alucinación ofuscaba su vista. Allá en el altar, que se divisaba al través de las rejas con su alto retablo de talla, creía ver una piscina muy grande, de verdosa agua marina, dorada por los rayos de Sol, y nadando en la piscina o adheridos a sus paredes, divisó peces y mariscos de los más sabrosos, de los que la golosina busca y prefiere, de los que en su mesa se servían cada viernes de Cuaresma, aderezados con exquisitas y picantes salsas. Allí la langosta incitante; la ostra aperitiva, clara y sabrosa; la almeja recia y vivaz; el lubrigante que cruje en los dientes de puro terso; la anguila revestida de amarilla grasa; el salmón rosado y duro como una carne virginal... Allí el percebe tieso y salobre; el camaroncillo travieso, de dentadas barbas; el besugo carnoso; el rodaballo, mármol exquisito al paladar; el mejillón, con sus valvas entreabiertas; el «peón» diminuto, plateado, tan delicioso en tortilla... La riqueza inagotable del mar Cantábrico, fecundo hervidero de seres, depósito caudaloso de goces para el aficionado a la buena mesa. Y mientras la del Olvido, en famélico transporte, mordía silenciosamente el hierro de la reja, una figura rojiza se alzó sobre la piscina, y, andando por los aires, vino a colocarse frente a la novicia quintañona. En sus cuernecillos de llama, en su rabo enroscado, en su hálito de fuego, doña Pilar reconoció al propio Satanás. El enemigo se reía y murmuraba irónico: «¡Olvido, Olvido, a ver si olvidas todo esto!».

Y la del Olvido recordaba, recordaba, y la boca se le llenaba de agua y se le nublaban los ojos...

Pocos días después decíale aquel mismo prudente confesor, en tono benévolo y consolándola:

—¿No la previne de que no iba a resistir esas asperezas de la Buena Muerte? No hay cosa tan difícil para los sentidos como «olvidar». Las monjas tienen que tomar el velo jovencitas.

—Me contentaré —murmuró doña Pilar suspirando— con un asiento de última fila en el cielo. Fui ambiciosa, y el diablo me pegó un pellizco para avisarme de que hasta en los buenos propósitos hay que ser modesto y humilde.

III. La conciencia de «Malvita»

Le pusieron el sobrenombre de Malvita, diminuto de Malva, a causa de su increíble dulzura y su espíritu extraordinario de docilidad. En este punto se puede afirmar que Malvita era un asombro y un modelo. El apodo, por otra parte, armonizaba con su tipo físico lo mismo que con el moral; y al contemplar el rostro delicado, los mansos ojos azules, la sonrisa beatífica y el pelo de oro de la muchacha, se imponía la trillada comparación con un ángel, por no haber ninguna que mejor expresase el efecto de la figura de Malvita.

Era Malvita hija de un ricachón de pueblo, muy iracundo y despótico, que a deshora cometió la necedad de casarse en segundas con cierta fidalga, viuda también, muy preciada de pergaminos, y tan altanera y erizada de púas como rabioso y gruñón era su nuevo esposo. Habíalos forjado el diablo expresamente para desesperarse el uno al otro, y desde la boda no hubo en la casa momento de tranquilidad. Disputaban y reñían hasta por si iba a llover al día siguiente, y todo eran berrinches, desazones, dicterios, porrazos a las puertas, órdenes contradictorias a los criados, escándalos al vecindario; en suma, el pavoroso aparato de mal matrimonio, que hace envidiables las calderas del infierno. En vano la mansedumbre de Malvita trataba de interponerse, a manera de copo de algodón en rama, entre el choque y la explosión incesante de aquellos dos genios de nitroglicerina; solo conseguía que, más embravecidos, volvieran a la lid como dragones que ansían devorarse.

Cierto día que el señor cura párroco encontró a Malvita sola en el huerto, recogiendo fresas en una hoja de berza, creyó que estaba en el deber de prodigarle consuelos, y le dijo con bondad suma:

—¡Pobre Malvita! Pensamos mucho en ti; el pueblo entero te compadece. Para la vida que llevas, a la verdad, creo que mejor estarías en un convento. Al fin tú no sabes más que obedecer como una cordera pacífica. Obediencia por obediencia, aquella sería menos dura; las monjitas son muy buenas, y la regla, como instituida por un gran santo, es un dechado de perfección y justicia. ¿No se te ha ocurrido esto, Malvita? Di.

La muchacha sonrió y alzó el verde plato natural que formaba la berza, ofreciendo cortésmente la roja fruta al buen párroco. Después de que éste aceptó

y picó varias fresas de las más sazonadas, Malvita, con su acento tranquilo y humilde, respondió pausadamente:
—Sí, se me ha ocurrido; pero, pensándolo bien, y por conciencia, he desechado tal solución. Yo no practico la obediencia por virtud, sino por placer; y es tanto mi gusto en ser mandada, que no comprendo mortificación mayor que la de proceder según mi iniciativa y propio impulso. Obedecer a una regla tan perfecta y sabia como la de un convento... ¡bah!, ¡gran cosa! El caso es obedecer a cada minuto a mil caprichos, genialidades y arrebatos; y esto lo hago yo dichosísima, encantada y lo haré hasta el último instante de mi vida...
Con tal expansión hablaba la doncella, que el cura se rió de buena gana, celebrando su original manera de pensar. Malvita, sin embargo, se puso gradualmente seria y triste.
—La felicidad de la mujer —exclamó, meditabunda—, en obedecer consiste, y yo no le pido a Dios sino que me permita someterme a la ajena voluntad, y no me deje nunca entregada a mí misma... Hasta tal extremo es esto verdad, señor cura, que ahora me veo en un conflicto..., y ya que se trata de consejos..., espero que usted me ilumine...
Con gesto amable, Malvita señaló un banco de piedra al párroco, y éste se sentó, teniendo en el regazo de la sotana la hoja de berza, de la cual tomaba a menudo una fresita para refrescar la boca.
—Escuchemos ese caso de conciencia —murmuró con interés.
—Lo es sin género de duda... —respondió Malvita dando señales de congoja y aflicción—. Antes de que se casase otra vez mi padre, yo cumplía, obedeciéndole a ojos cerrados. Hoy debo igual obediencia a la señora que hace veces de madre para mí, a mi madrastra, doña Javiera. ¿Es esto cierto?
—Cierto es —declaró, entre fresa y fresa, el párroco.
—Pues bien: yo no puedo cumplir mi deber. Mi padre y mi madrastra ni por milagro están de acuerdo en cosa ninguna..., y al recibir el mandato del uno recibo la inmediata contraorden del otro... Ahí tiene usted mi verdadero apuro, mi verdadera desgracia. Nací para obedecer, y el Destino me lo veda... Figúrese usted que, por ejemplo, ayer papá quiso que yo le hiciese el chocolate, porque la cocinera no se lo bate a su gusto..., y cuando me dirigía a la cocina se interpuso doña Javiera diciendo que es un desdoro para su estirpe que yo guise y sople la hornilla..., y así se quedó el chocolate hasta hoy. Mi

147

padre gritó y atronó la casa; mi madrastra me encerró y se encerró ella, y aquí me tiene usted desobediente involuntaria, sufriendo como sufre todo el que desmiente su condición natural, y, además llena de remordimientos.
Escenas parecidas ocurren sin cesar... No puedo vivir así... ¿Qué me aconseja usted, señor cura?
Arrojando el rabillo de la última fresa, el párroco tosió con majestad y, solemnemente, emitió este dictamen:
—Lo que acabas de confiarme, Malvita, demuestra que solo hay para ti una solución, es la que antes te he recomendado: el convento... Allí no estás en peligro de desobedecer nunca. Piénsalo bien, y al convento irás a parar.
Malvita se ruborizó, como si las fresas se le hubiesen subido a las mejillas, y bajando los ojos con modestia respondió apaciblemente:
—Lo pensaré, señor cura; lo pensaré.
Pocas semanas después de este diálogo llegó a casa de Malvita Jerónimo, el hijo de primeras nupcias de doña Javiera, oficial de Caballería, en el cual su padrastro tuvo, desde luego, digno colega y competidor. Si el padre de Malvita era un escorpión, su alnado, un basilisco; si aquél asustaba a la vecindad, éste la horrorizaba; cuando estaban juntos los tres, padrastro, hijastro y madre, había que alquilar balcones como para asistir a un combate de fieras. Increíble parecía que Dios hubiese criado genios tan semejantes y tan avinagrados y venenosos.
La casa era un campo de Agramante; la existencia, un vértigo, un frenesí. Y el pueblo, con mayor motivo que nunca, compadecía a Malvita y la calificaba de mártir viéndola entre los dos leones y la tigre hircana. Contábase en voz baja que Jerónimo, el recién venido, era tirano y enemigo cruelísimo de la desdichada Malvita, llegando su ferocidad al extremo de maltratarla de obra bárbaramente. La lavandera, y el panadero, y los criados, y los mozos juraban haber visto a Malvita huir de Jerónimo que la perseguía por el jardín, sin duda con objeto de pegarle una paliza de padre y muy señor mío...
¡Júzguese del asombro, de la estupefacción que causaría en el pueblo la noticia, primero misteriosa, después pública e indudable, de la fuga de Malvita en compañía de Jerónimo, y su aparición en la ciudad más cercana, desde donde escribieron a sus padres solicitando el permiso para contraer nupcias! Aquello fue desquiciarse la bóveda celeste y hundirse sobre las cabezas de los luga-

reños atónitos. ¡Malvita, la mansa borrega, la obediente, la que parecía salir en andas por Corpus, como las santas de palo de la iglesia! Cuando el señor cura, que hubo de intervenir para arreglar el cotarro de la boda, manifestó a Malvita su admiración, mostrando gran severidad y enojo, Malvita, tímida y reverentemente, clavando los pupilas en tierra, con voz que parecía, por lo suave, el eco lejano de un arpa, objetó:

—Señor cura, es verdad que mi conducta parece impropia de mí... Pero usted bien sabe que no lo es... Mi conciencia lo exigía... Para cumplir mi voto de sumisión incondicional necesité sujetarme a una sola voluntad... ¡Ahora, que mande Jerónimo, que segura estoy de poder obedecerle!...

El Imparcial, 7 de marzo 1898.

IV. Los huevos pasados

Parecíase la familia de don Donato López a las demás familias burguesas que gozan de la consideración pública y respetan la ley y las fórmulas en que se sustenta, como torre de hierro en postes de caña, la sociedad.
López figuraba entre la gente de sanas ideas, y no daba cuartel ni a las doctrinas disolventes, ni a la impiedad en materia religiosa. La señora de López y sus hijas frecuentaban los templos, solían contribuir para el culto y, como creían sinceramente, sinceramente reprobaban a los incrédulos. A su padre le profesaban respeto sagrado, persuadidas de que la rectitud y la moralidad inspiraban sus enseñanzas y sus acciones, y de que era modelo de ciudadanos y de hombres de bien. Al practicar estaban ciertas de seguir el impulso de un jefe de familia cristiano. Cuando volvían de oír sermón o misa, de visitar a los pobres o de compartir las tareas de las socias del Roperito, las niñas de López se agrupaban contentas alrededor de papá, y éste, después de preguntar y aprobar, las acariciaba, chanceándose con ellas y sintiéndose, allá en su interior, muy bondadoso, muy perfecto.
Acostumbraba don Donato López desayunarse con un par de huevos pasados, y los quería siempre bien en punto, ni tan cocidos que estuviesen duros, ni tan crudos que la clara no se adhiriese, cuajada y suave, al cascarón. Sabía ya la cocinera el modo de lograr este difícil término medio, y don Donato saboreaba gustoso el desayuno sano y frugal.
Sucedió que la cocinera fue despedida por no sé qué sisas extraordinarias, y los huevos pasados comenzaron a venir ya sólidos, ya mocosos, jamás como le gustaban al señor de López. Al ver a su padre enojado y rehusando el desayuno, Enriqueta, la mayor de las niñas, compró una maquinilla de las llamadas «infiernos», que se ceban con alcohol, y haciendo hervir el agua, se dispuso a pasar los huevos ella misma, en la mesa del comedor, no sin preguntar a López cómo debía proceder para conseguir el resultado apetecido.
—Hay que rezar tres credos —contestó el padre—, y al acabar de rezarlos están los huevos perfectamente pasados, ni de menos ni de más.
Riéronse las muchachas de la receta, y la mayor exclamó:
—Pues rece usted, papá, mientras yo cuido de echarlos y sacarlos a tiempo. ¡A ver!

Don Donato López, que también se reía, por seguir la broma emprendió la tarea de recitar la oración: «Creo en Dios Padre, Todopoderoso, Creador del Cielo y la Tierra; en Jesucristo, su único Hijo...»
Y al llegar aquí, igual que si hubiese llegado el punto de darle garrote, don Donato no pudo continuar: no recordaba ni una sílaba más; un sudor de congoja le humedeció el pelo. Las frases del olvidado símbolo de la fe, aunque parecían despertarse y bullir dispersas allá en el fondo de su memoria, no acudían a su lengua torpe. Sintió que se ponía rojo, muy rojo, mientras Enriqueta, que le miraba fijamente, había dejado de reír, y palidecía, sin acertar a sostener el rabo del cacillo para que no se derramara el agua hirviente...
Y como los niños chicos carecen de prudencia, Laurita, gordinflona de nueve años, soltó la carcajada y gritó:
—¡Mamá! ¡Mamá! ¡Ven! ¡Ay, qué guasa! ¡Papá no sabe el Credo!
Arco Iris, 1896.

La operación

—Los primeros años de mi juventud —dijo el opulento capitalista que nos había ofrecido una comida indudablemente superior a las famosas de Lúculo, las cuales tenían al margen el vomitorium y la indigestión a la vuelta— los pasé en la mayor miseria, en la estrechez más angustiosa. Aquí donde ustedes me ven —y con una ojeada circular parecía indicarnos toda la riqueza que le rodeaba—, yo he saltado de martes a jueves sin tropezar en un garbanzo siquiera; yo he bostezado de hambre frente a los surtidos escaparates de las pastelerías y los bodegones; yo me he enjabonado y lavado mi camisa (única que poseía), en el rigor del invierno, en una buhardilla desmantelada que no podía pagar, y de la cual me despidieron al fin, poniéndome de patitas en la calle, en mitad de una noche de diciembre. ¡Qué tiempos, señores! Aquélla fue la pobreza negra, la edad heroica de la pobreza.

—¿Y eso duró mucho?

—Dos o tres años..., los primeros que pasé en el mundo, huérfano y desamparado de todos. Después principié a aletear... Pero ¡qué triste y aburrido aleteo! Me contaba más dichoso antes, al soplarme los dedos y hacerme una cruz sobre el estómago. Mi aleteo consistía en un puesto inferior en una gran casa de comercio, ocupación que me sublevaba y repugnaba profundamente, pues mientras hacía números o despachaba la árida correspondencia de negocios mi fantasía volaba por los espacios y mi corazón latía henchido de savia juvenil...

—¡Qué bien se explica! —dijo, quedito, la señora de Huete a su amiga la baronesa de Torre del Trueno.

—No sé qué tiene el pícaro dinero, que es capaz de volver elocuente a un guardacantón —suspiró la baronesa clavando sus angelicales ojos azules en el ricacho. Éste, sin advertirlo, prosiguió:

—Sujeto a una labor mecánica, que me producía tedio y cansancio invencible, yo pensaba allá entre mí: «¿Será éste mi destino? ¿No habré venido al mundo sino a dar vueltas y vueltas a la noria de una tarea insípida? ¿No dejaré otra señal de mi paso sino cuatro columnas de cifras, o el acuse de recibo de una partida de arroz y cacao? A lo menos en aquella buhardilla de marras podía esperar las compensaciones del porvenir; al paso que ahora veo claramente el camino que me trazan, y es tan trillado, tan mezquino, tan estrecho, que solo pensar que he de recorrerlo hasta el último instante de mi vida me enloquece de rabia. A toda costa es preciso que yo salga del pantano de esta rutina y realice algo extraordinario y singular, algo que me eleve por cima de los demás mortales, que lleve en triunfo mi nombre a las generaciones futuras, que me sirva de pedestal y de aureola... Si para conseguirlo es menester volver a la miseria, a la miseria volveremos; si a la buhardilla, a la buhardilla; si hay que ir a la muerte, iremos a la muerte.»

Con tanta exaltación se expresaba el millonario que las señoras le miraron conmovidas, y los hombres, entre chanzas y veras, le interpelaron:

—¿Según eso..., a lo que aspiraba usted entonces no era a la brillantísima posición que ha conseguido..., sino a otra cosa?... ¿A otra cosa..., vamos, de otro orden... del orden...?

—Del orden espiritual, poético y vano —declaró terminantemente el hombre de oro—. Sí, de ese pie cojeaba yo... Ni se me pasaba por las mientes nada real y positivo. Yo soñaba —no sucesivamente, sino a un tiempo —con inspirar una pasión frenética, o con sentirla; con lances y aventuras muy dramáticas, y peligros y enredos dignos de una novela; con ser un artista célebre, un escritor de fama universal, un guerrero victorioso, un gobernante excelso, un héroe y hasta un mártir, de ésos que vierten su sangre en un transporte de entusiasmo y no trocarían su suerte, al sucumbir, ni por la del más venturoso...

—¿Todo eso deseaba usted? —preguntó con ironía el periodista Anzuelo, reputado por sus mordaces agudezas—. ¡Cómo se varía al correr de los años!

—Ya verá usted —respondió el millonario con sorna— que no fueron los años los que me variaron a mí. ¡Los años! ¿A que usted, por más viejo que llegue a ser, no pierde sus mañitas y la costumbre de soltar pullas para que se rían los bobos? Genio y figura, amigo Anzuelo... Volviendo a mi historia, sepan ustedes que aquellos sueños y ansias se apoderaron de mí con tal fuerza, que acabaron por quebrantar mi salud. Empezó a consumirme una especie de fiebre hética; mi cuerpo se agostaba como la hierba cuando la cortan, y en mi espíritu sentía tal abatimiento (unido a cierto sombrío frenesí) que se me puso entre ceja y ceja un proyecto de suicidio, un fúnebre anhelo de muerte. Nada, lo mejor era suprimirse, desaparecer del indigno y miserable mundo. ¡Solo había una dificultad! Y es que eso de morir no sé qué tiene que hasta a los más desesperados les hace cosquillas. La prueba es que todo hombre nacido de mujer piensa alguna vez en el suicidio, y son contadísimos, insignificante minoría, los que lo ponen por obra. Mientras alimentaba yo tan fatales propósitos, comprendía su horror, y deseaba vivamente que semejante manía se me quitase de la cabeza. Con este deseo, se me ocurrió que cualquiera enfermedad del alma puede curarse desde afuera, al través del cuerpo; y habiendo oído hablar de un célebre médico cuya especialidad eran las afecciones del cerebro, me decidí a consultarle. Recibióme el doctor con agrado y esa afabilidad seria de los que se encuentran en su terreno; me crucificó a preguntas sobre el origen de mi mal, sus síntomas y caracteres; y ya bien enterado, me reconoció, primero con reiterados golpecitos de los nudillos, parecidos a los que se usan en las auscultaciones, después con la percusión ligera y repetida de un martillito de marfil; hecho lo cual sonrió, complacido, y me dijo en tono y acento animadores: «No hay cuidado. Eso va a desaparecer inmediatamente por medio de una operación algo molesta, pero sin consecuencias temibles.» «¿Y qué es eso que va a desaparecer?», exclamé un tanto alarmado. «Lo que causa los desórdenes de que usted se queja. ¿Quiere usted que ahora mismo...?» «Sea», murmuré, resignado de antemano al dolor. «¿Le aplico el cloroformo?» «¡No, no!... ¡Tengo valor bastante!» Armóse el médico de un sutil berbiquí, me lo apoyó en la sien, y, poco a poco, vuelta tras vuelta, fue hincándolo y haciéndolo penetrar hasta la misma sustancia de mi cerebro. Aunque me dolía horriblemente, y no estaba yo para observar, noté, en el espejo que frente a mí tenía, que de mi cabeza iba alzándose algo parecido a una columnita de humo, suave, azulado, dorada a trechos, que ondulaba dulcemente y acababa por disiparse... «¡Qué humareda tenía yo ahí!...», suspiré así que el doctor, retirando el instrumento, me aplicó una venda empapada en un líquido que había de curar el taladro. «Es lo que, generalmente contienen los cerebros al hacerles esta operación delicada —declaró él, despidiéndome afectuosamente en la puerta—. Humo o aire... A veces también encierran aserrín; pero entonces renunciamos a operar. ¿Para qué?»

Calló un momento el millonario, satisfecho de la impresión que nos causaba su fantástica y embustera historia.

—¿Y sanó usted y vivió después de esa barbaridad que le hicieron? —preguntó, aturdidamente, la baronesita.

—Ya lo ve usted, señora... Aquí estoy, a sus pies, y vivo aún... No solamente sané, sino que empecé a prosperar...; al principio, modestamente; después, aprisa; luego, en volandas... Debió de consistir en que los negocios, que me parecían tan antipáticos, se me hicieron atractivos y gratos apenas se me quitó, con la salida del humo, aquel desvarío de las pasiones, los heroísmos, las celebridades y las victorias; y como me apegué al trabajo y me encariñé con la realidad, la realidad vino a mí con los brazos abiertos, la fortuna me miró transportada y el capital, el esquivo capital, se precipitó en mis arcas como el río por su cauce... Y pude hacer infinitas cosas que me parecen difíciles, y conseguir algunas de las que apetecía en otro tiempo, ¡porque el capital es fuerza, y la fuerza es la ley del mundo!

Al hablar así, fue tan oronda y esponjada, tan radiante la sonrisa del millonario, que los concurrentes sufrieron íntima mortificación en su amor propio, y Anzuelo, siempre irónico, formuló esta pregunta:

—¿Le dijo a usted el médico cómo se llamaba aquella columnita de humo que le quitaba a usted de la cabeza?

—No por cierto —contestó, receloso, el potentado.

—Pues yo lo sé... Se llama «el ideal».

Y el ricachón, que no siempre era todo lo cortés y correcto que debe ser el que otorga hospitalidad, se llegó al periodista, le golpeó suavemente la cabeza y dijo, guiñando un ojo a las señoras:

—Estaba seguro... Si el doctor le reconoce a usted..., no intenta operarle.

El Imparcial, 27 septiembre 1897.

Crimen libre

Los tres que nos encontrábamos reunidos en el saloncito de confianza del Casino de la Amistad nos habíamos propuesto aquella tarde arreglar el Código y reformar la legislación penal con arreglo a nuestro personal criterio. Lo malo era que ni con ser tan pocos estábamos conformes. Al contrario, teníamos cada cual su opinión, inconciliable con los restantes, por lo cual la disputa amenazaba durar hasta la consumación de los siglos.

Tratábase de un juicio por Jurado, en que una parricida había sido absuelta; así como suena, absuelta libremente, echada a pasearse por el mundo «con las manos teñidas en sangre de su esposo», exclamaba el joven letrado Arturito Cáñamo, alias Siete Patíbulos, el acérrimo partidario y apologista de la pena de muerte bajo todas sus formas y aspectos. La indignación del abogado contrastaba con la escéptica indulgencia de Mauro Pareja, solterón benévolo por egoísmo, que todo lo encontraba natural y a todo le buscaba alguna explicación benigna, hasta a las enormidades mayores.

—Sabe Dios —decía Mauro— las jugarretas que ese esposo le haría en vida a su amable esposa... Los hay más brutos que un cerrojo, créalo usted y más malos que la quina, y el santo de los santos pierde la llave de la paciencia, agarra lo primero que encuentra por delante, y ¡zas! Entre matrimonios indisolubles existe a lo mejor eso que puede llamarse «odio de compañeros de grilletes»... El jurado habrá visto muchas atenuantes, cuando absolvió a la mujer.

—Perfectamente —refunfuñaba Cáñamo, cuyo bigotillo temblaba de biliosa cólera—. Ya sabemos lo que son jurados. En tocando la cuerda de la sensibilidad, capaces de echar a la calle al mismísimo Sacamantecas. A ese paso, la seguridad, la vida de los ciudadanos llegará a depender del capricho de unos cuantos ignorantes, que ni han saludado el Código. Ahí tiene usted las consecuencias funestas..., ¡sí, funestas, no me desdigo!, de las lecturas perniciosas, de las nocivas teorías de mosié Lucas...

Este mosié Lucas es un abolicionista anterior al año 30, y de quien no se acuerda nadie en el mundo sino Arturo Cáñamo, para impugnarle una vez por semana en el casino de Marineda.

—Pero hombre —arguyó Pareja— ¿usted cree que los jurados han leído a ese mosié ni nada? Y los magistrados tampoco, si usted me apura... Para leer estaban ellos... Lo que hay es que a veces..., ¡qué demonio!, los que parecen

crímenes no son, bien miradas las circunstancias, sino delitos..., y yo, jurado, probablemente absuelvo también a la infeliz.
—Usted, jurado, desorganizaría la sociedad más aún de lo que está...
—Pues Dios nos libre de usted, magistrado, que es capaz de ahorcar al nuncio...
—Y tanto como le ahorcaría, si el nuncio delinque...
Cuando la gresca llegaba a enzarzarse mucho, yo intervenía prudentemente para templar los ánimos, adoptando la estrategia de dar la razón a todos, con lo cual lograba no dejar contento a ninguno.
—Señores, eso de que una mujer escabeche a su marido, y el Tribunal la mande a la calle, fuertecito es. Con algunos años de presidio...
—¡Presidio! —gritaba Cáñamo—. ¡La casi impunidad! ¡Un fantasma de vindicta pública! ¡Hipocresía y desmoralización!
—¡Presidio!... —exclamaba Mauro—. Cuando regularmente quien merecía el presidio sería el difunto.
Y ande la marimorena.
Mientras ellos se peleaban, me asaltó con lúcida precisión un recuerdo. «A ver si los pongo en apuro y doy nueva dirección a sus ideas», pensé, mientras humedecía un terrón de azúcar en kummel y lo chupaba con golosina.
—¿No les parece a ustedes —pregunté en alta voz— que por muy lista que supongamos a la Policía y muy rigurosos y sagaces que sean los jueces, siempre habrá más crímenes impunes que descubiertos y castigados? ¿No les parece también que existe un orden de crímenes que no puede estimar como tales la ley, y, sin embargo, revelan en su autor más perversidad, más ausencia de sentido moral que ninguna de las acciones penadas por el Código?
Arturito me miró con los ojos blanquecinos y turbios, que parecían los de un pez cocido acabado de salir de la besuguera; Pareja sonrió como si medio entendiese.
—¿Quieren un ejemplo? —añadí—. Pues se lo voy a dar, refiriéndoles un caso que presencié años hace.
Arturito dijo «que sí» con la cabeza; el sibarita de Mauro encendió un puro con sortija, y yo principié:
—Era un invierno de ésos de prueba que saltan a veces en Madrid. Nunca he visto días de Sol más claro y brillante, ni cielo azul más limpio; aquello era un

trozo de raso turquí: de noche, las estrellas resplandecían lo mismo que diamantes; hacía una Luna soberbia; todo hermoso, pero con un frío... vamos, un frío de los que cuajan la sangre y hielan en el aire las palabras. Por la mañana perdía uno lo menos hora y media deliberando si echaría o no la pierna fuera, intimidado ante la perspectiva del cuarto de la posada, en cuya atmósfera ya no quedaban ni rastros del braserito de la víspera; con el terror al lavatorio en agua casi sólida; a la inevitable salida a la nevera de los pasillos o al comedor, donde tampoco reinaría la más dulce temperatura...; y a veces acababa uno por seguir los malos consejos de la pereza, dar al diablo el hato y el garabato, y quedarse entre sábanas, en el cariñoso nido del hoyo del colchón, leyendo algún libro, sin sacar fuera más que la punta de los dedos, porque la mano entera se volvería sorbete.

Solo que esta debilidad de pasarse la mañanita en las ociosas plumas se pagaba cara después. Como al fin y al cabo no había más remedio que levantarse, lo realizábamos a mediodía, y no lográbamos ya entrar en reacción. El aseo se hacía de mala gana y de un modo incompleto: salía uno a la calle forrado en cobre, con el gabán ruso que aquel año principió a llevarse, y al sentar el pie en el umbral, al recibir el primer latigazo sutil de un cierzo afilado como navaja barbera, se le encogía el espíritu, se le ponía carne de gallina, se le secaban los labios igual que al contacto de un hierro candente, y no tenía fuerzas sino para sepultarse en un café, aguardando la hora de volver a casa, para arrimar las narices al vaho caliente del cocido. Salida de una atmósfera viciada a la Siberia: romadizo, trancazo o bronquitis segura...

Ya verán ustedes, ya verán cómo esto del frío tiene mucho que ver con lo del crimen. Si no les hago a ustedes persuadirse de la inclemencia del invierno aquel, que ha dejado memoria, no comprenderían el alcance de lo que sigue. Conque tengan cachaza.

—Bueno; ya nos hemos convencido de que hacía mucho frío...; pero ¡muchísimo! —exclamó Pareja—. Venga la historia.

—A eso vamos inmediatamente... —respondí con firme propósito de no suprimir ni un toque de mi «efecto de país nevado»—. Ya se figurarán ustedes que, dada la temperatura boreal que sufríamos, no faltarían nieves. Las primeras vinieron hacia Nochebuena; pero a mediados de enero arreciaron en tales términos, que los puertos se cerraron completamente, y como entonces no se había terminado la línea férrea, estuve más de diez días incomunicado con mi familia y mi país. En cambio tuve el gusto de ver a Madrid muy pintoresco; sobre todo, los paseos, como si los hubiesen espolvoreado de azúcar molida, a ciertas horas del día; a otras, como si los árboles se hubiesen vuelto de cristal, cristal claro y purísimo. La nevada tuvo también para mí la ventaja higiénica de arrancarme a mis perezosas costumbres y obligarme a saltar de la cama a primera hora, con objeto de ver hoy los reyes de la plaza de Oriente con barbas blancas y flecos y encajes de hielo en los tahalíes y en los mantos; mañana, la bonita fuente de la Red de San Luis toda cuajada de estalactitas; al otro día la de Antón Martín convertida en garapiñera.

—Y a todo esto, ¿el crimen? —preguntó Pareja socarronamente.

—Ya voy... ¡He dicho que los preámbulos son indispensables! La nieve tiene mucho que ver con el crimen. Sepan ustedes que más que las fuentes y las estatuas me cautivó el espectáculo del Retiro. ¡Aquello sí que merecía la madrugona! Los árboles de hoja perenne, sobre todo los pinos, eran pirámides blancas salpicadas de polvo de diamante; los que se hallaban despojados de hojas tenían, sobre la pureza de la atmósfera, un brillo raro; parecían de vidrio hilado de Venecia... No íbamos solo por gozar este espectáculo bonito y grandioso a la vez; lo que más nos atraía era ver patinar en el estanque, el cual, enteramente congelado, asemejaba inmensa placa de vidrio verdoso.

Aquí me detuve un instante, mojé otro terrón en la copa de kummel, lo saboreé y, viendo impaciente al auditorio, proseguí sin entretenerme ya en tantas menudencias:

—No estaba por entonces tan extendida como ahora la costumbre de patinar, y no siempre había valientes que se prestasen a calzarse los patines y a describir curvas sobre la superficie lisa. Apenas se ablandaba unas miajas la atmósfera, el temor de que se hubiese adelgazado o resquebrajado la capa de hielo retraía a los aficionados a ese género de sport, impropio de nuestros climas, y los mirones nos quedábamos chasqueados, contemplándonos los unos a los otros por vía de compensación.

Sin embargo, a uno de los susodichos mirones se le ocurrió una idea sumamente divertida, que podía ayudar a pasar el tiempo mientras no llegaban los patinadores formales. Sacaba del bolsillo calderilla y la arrojaba a granel a la superficie del estanque, lo más desparramada y lo más lejos posible.

Inmediatamente, una horda de pilluelos se precipitaba a recoger las monedas, y teníamos una sesión grotesca de patinaje, de lo más cómico que ustedes pueden imaginar. Las culadas y las hocicadas de los chicos en el hielo las coreábamos desde la orilla con risas inextinguibles, agudeza y aplausos. De aquellos improvisados patinadorcillos, la mayor parte no llegaban a pescar los cuartos; pero algunos iban adquiriendo singular destreza para evitar resbalones, y sacaban buena cosecha de «perros» grandes y chicos.

Una mañana de ésas de muchísimo bajo cero (porque los grados justos no los sé, y más quiero dejar dudoso el punto que dar una cifra equivocada), estábamos cebados varios curiosos en la diversión de lanzar las monedas, y se deslizaban en pos de ellas más de veinte granujas, cuando de pronto se alza un rumor comprimido, uno de esos murmullos hondos de la multitud que, sobrecogida ante la inmensidad de una desdicha, no tiene fuerza ni para gritar... Algunos espectadores preguntaban, se empujaban y no comprendían; pero yo ni preguntar necesité, porque «había visto»: había visto romperse la helada superficie, como se estrella la Luna de un espejo colosal, y desaparecer por la boca recién abierta a dos de los gurriatos que recogían calderilla... La multitud, lo repito, no gritó: ¿a qué había de gritar en balde? Allí era inútil pedir socorro, y segura la muerte de los dos infelices chicos, sobrecogidos por el frío mortal del agua, sujetos por una losa de plomo transparente a su líquida tumba... Ni un rumor, ni un eco, ni un quejido venían de la sima que acababa de tragarse a los muchachos...

De repente se destaca de entre la multitud un hombre, un mozo como de unos veinte años de edad, delgadillo, pálido, resuelto; sin falso pudor se quita la chaqueta y el chaleco, se desabrocha los pantalones... Cobardes, aplastados por la grandeza de la acción, transidos al verle desnudarse en aquella atmósfera glacial, le dejamos hacer...

La verdad es que todo ello fue, como suele decirse, ni visto ni oído. Aún no estábamos convencidos de que se arrojaría, cuando se arrojó, mejor dicho, se enhebró por la rotura del hielo. Pasaron dos minutos, pasaron tres... o, quizá, no fuesen minutos, sino segundos, que a nosotros nos parecían horas... y por la grieta ensanchada ya de degolladoras márgenes, salió un brazo, otro brazo, un grupo informe... Era el salvador..., con las dos criaturas.

—¿Vivas? —preguntaron a la vez Cáñamo y Pareja.

—Viva una y la otra... tiesa ya; no fue posible reanimarla. De todos modos entonces sí que gritamos: «¡Bravo! ¡Ole tu madre! ¡Llevarle en triunfo!»
—Un beso le quiero dar —exclamaba una mujer del pueblo, ronca, trémula de alegría y de entusiasmo.
El pobre y aclamado salvador, morado, chorreando, tiritaba y temblaba al Sol con las ropas interiores pegadas a las carnes.
—¿Quieren ustedes pasarme mi pantalón? —fueron sus primeras palabras, dictadas no sé si por el frío o, más bien, por la vergüenza de verse así, medio en cueros y abrazado por la chusma. Buscamos el pantalón... Él sabía dónde lo había dejado... Pero ¡buen pantalón te dé Dios! Ni chaqueta, ni chaleco con el reloj y los cuartos... Mientras él salvaba al niño, un ratero le escamoteaba su ropa.
Callé para apreciar el efecto de mi narración, y Arturito Cáñamo me miró atónito, abriendo más y más sus blancuzcas pupilas.
—¿Y dónde está el crimen? —preguntó al fin—. Porque yo ahí veo una acción humanitaria, digna de una recompensa del Gobierno.
—¿Cuál? —preguntó con sorna Pareja—. ¿La de robar los pantalones al salvador del niño?
—¡Ah! ¿Hablaba usted de eso? —interrogó el abogado—. Como decía usted que un crimen..., y ése no pasa de un delito penado por el Código con unos meses de arresto, pues ni hay nocturnidad, ni escalamiento, ni fractura, ni ninguna de las agravantes...
Cuentos escogidos, Valencia, 1891. Arco Iris.

Cuento inmoral
—La oportunidad y la resolución —decíame aquel terrible doctor en filosofía práctica— han sido siempre cualidades distintas de los hombres cuyos hechos resaltan sobre el tejido de la Historia. Quien pierde un instante, todo lo pierde. Sé cierto maravilloso sucedido, y lo referiré para comprobar de lleno esta verdad, tan grande como olvidada.

Un mozo de ilustre progenie y refinadísima educación, pero enteramente arruinado por las locuras de sus padres, ocultaba su miseria entre el bullicio de la populosa ciudad. Careciendo de ropa decente, salía al oscurecer y se deslizaba avergonzado, pegado a las casas, procurando que no le reconociesen los que en otro tiempo eran amigos de su familia. Veía pasar trenes suntuosos, caballos de raza regidos por hábiles jinetes, gente regocijada y vestida de gala; oía salir de los cafés, de las fondas y de los círculos torrentes de luz, choques de cristal y carcajadas locas; deteníale la ola de la multitud al entrar en los teatros; y a veces le sorprendía el soplo glacial de la madrugada atisbando a la puerta de palacios donde se celebraban saraos espléndidos, y le encendía el corazón la silueta de las mujeres que, descubierto el dorado moño y subido hasta la barba el cuello del abrigo forrado de cisne, apoyaban ligeramente su diminuto pie calzado de raso en el estribo del coche. ¡Qué sufrimiento tener que desviarse del farol para ocultar el sombrero grasiento y la raída capa, las botas torcidas y la camisa negruzca!

En tan críticas situaciones, cualquiera que sea la cultura moral del individuo, creed que surge en el alma una protesta enérgica y ardentísima contra la injusticia de la suerte. Tratadistas hay que aseguran que todo hombre nace «propietario» y «ladrón»; pero esta desolladora observación clínica de la naturaleza humana es más verdadera que nunca si se aplica al individuo que se crió rodeado de bienestar, y a quien ese bienestar impuso necesidades incompatibles con la estrechez.

De carácter recto y sentimientos delicados; empapado en las nociones del honor y de la probidad, mi héroe —a quien llamaré Desiderio— notó con sonrojo que la codicia, furiosamente, se despertaba en su alma, y que al pasar por delante de las tiendas de los cambistas, sin querer calculaba los goces que representarían para él aquellos montones de oro y plata, y aquellos billetes de Banco sembrados a granel en el escaparate. Pensamientos que le afrentaban;

ansias que se apresuraba a rechazar con ira; vergonzosas sugestiones; instintos brutales de apropiación violenta y súbita le perseguían sin tregua, y en la deshecha borrasca de su espíritu ya se veía perdiendo lo único que le restaba de la dignidad de su originaria condición social: el honor vidrioso y exaltado; y además perdiéndolo sin fruto, sin ventaja alguna, pues mientras prevaricaba su imaginación, continuaba envuelto en la capa raída y arrastrando por las calles las innobles y tuertas botas.

Una noche, mientras Desiderio daba vueltas en el camastro esperando vanamente el sueño porque le desvelaba el estómago vacío, el cuartucho se iluminó con sulfúrea luz, y a la cabecera del pobrete se apareció el diablo... o, por mejor decir, «su» diablo; lo que para Desiderio era realmente el espíritu maligno —llámese Satanás o Eblis—; el Mal que en aquel instante actuaba sobre el alma de aquel hombre. El ángel rebelde sonreía, y trazando un círculo en el aire con su dedo índice, incluida en el círculo y llenándolo por completo se dibujó instantáneamente una gigantesca, relevada, amarilla y fulgentísima onza de oro.

—¿Quieres poseer, quieres gozar? —preguntó el tentador a Desiderio.

—¿No lo sabes? —respondió el mozo afanosamente.

—Pues escucha. Hace cinco siglos, yo te haría firmar con tu sangre un pacto donde declarases que me vendías tu alma por los bienes de la tierra. Hoy todo ha progresado, hasta la fórmula de los pactos diabólicos. ¿A qué comprar almas que ya se entregan? El contrato es libre, eres dueño de romperlo a cada instante. Quedas en posesión de tu albedrío; puedes sacudir mi yugo con solo resignarte a eterno trabajo y a perpetua miseria. En cambio yo te ofrezco el medio de saciar tus apetitos. Cuando al pasar por sitios donde ruede el oro y se ostenten las riquezas quieras tender la mano y apropiártelas, serás «invisible»; los poseedores notarán que «han sido robados», pero se volverán locos sin sospechar ni averiguar «por quién». Como soy leal y no engaño nunca, digan lo que digan los necios, te añadiré que habrá un momento —no puedo advertirte cuál—, en que perderás el privilegio, y podrán cogerte in fraganti y con las manos en la masa. Ese momento será muy corto: llamémosle «la hora de Dios»; en cambio, «los años del demonio», si los aprovechas, te habrán permitido vencer en opulencia a los nababs y a los rajás de la India. Sé diestro, decidido y cauto, y el porvenir te pertenece.

163

Apagóse la luz; borróse el relieve de la gigantesca onza, y Desiderio, aturdido, dudando si la calentura de la debilidad era la que le obligaba a soñar disparates, vio amanecer y se levantó febril. Apenas se echó a la calle volvieron a atormentarle las palabras del Maldito. Es decir, que con un impulso de la voluntad, con solo transformar el acto en deseo, podía inmediatamente satisfacer sus antojos, apurar las alegrías de la vida.

—Precisamente pasaba entonces por delante de la joyería, en cuyo escaparate chispeaba una riviére de chatones gordos como avellanas. Si se apoderaba de ella, el botín representaba una fortuna. Pero ante todo, en realidad, ¿no podrían verle cuando echase mano a la joya? Era preciso saber si mentía el diablo, si había querido sencillamente burlarse de un infeliz.

Entró Desiderio en la tienda, y notó con asombro que los dependientes no dieron la menor señal de haberle visto, ni se movieron de su sitio, ni levantaron la cabeza al ruido de sus pasos. Desiderio avanzó, acercóse al escaparate, descorrió el pasador de la vidriera, alargó la diestra, tomó el estuche... Los dependientes, como si tal cosa.

No cabía duda, no le veían; estaban cegados por mágico poder. Ni se les ocurría que un hombre andaba por allí, dueño de las preciosidades que juzgaban resguardadas por el vidrio. Desiderio sentía bajo sus dedos los brillantes, comprendiendo que podía llevárselos impunemente. De pronto los soltó, exhaló una especie de gemido... Le parecía que las soberbias piedras le abrasaban las yemas de los dedos.

Desde aquel minuto vagó como alma en pena y sufrió como un condenado, probando todas las amarguras del delito sin recoger su precio. Los principios mamados con la leche, espectros de un pasado de caballeresca altivez y de inmaculada honra, se aparecían, le paralizaban. Hamlet de la codicia, como el otro fue de la venganza, asesinábale la indecisión, y habiendo perdido su estimación propia al notar la continua tendencia de su voluntad hacia el atentado, no granjeaba los apetecidos bienes, porque se los impedían vallas invisibles, telarañas morales interpuestas entre el propósito y su realización. Y así pasaban días y días, y Desiderio continuaba acongojado, perplejo, famélico, haraposo, miserable, triste, envidiando y no poseyendo..., y al paso que con la imaginación pecaba a cada minuto, con las manos no se hubiese resuelto a tomar ni un alfiler, ni un confite, ni una flor...

Sin embargo, un día en que no había comido nada, en que la vista se le nublaba y las piernas le temblaban negándose a sostener el cuerpo, Desiderio, ante el escaparate de una pastelería, sucumbió por fin. Entró, tendió la mano, asió una morcilla reluciente y olorosa, le hincó el diente con rabia... Y al punto mismo tuvo la sensación de que aquél era el momento crítico, el fatal momento en que le verían y le echarían el guante y pasearían por las calles atado codo con codo, entre befa y escarnio...

Y así fue. De improviso los pasteleros vieron al raterillo, se lanzaron sobre él, y hartándole de bofetadas y mojicones le entregaron a la Policía.

Aquella noche durmió en la cárcel.

La moraleja del cuento —añadió el filósofo— es que la ocasión la pintan calva, y que no conviene pecar a medias.

—Creo —respondí con brío— que, a pesar de esa moraleja de bronce y acíbar, ni en el mundo físico ni en el moral se pierde un átomo de fuerza y de energía, y la larga y valerosa resistencia de Desiderio a las malas sugestiones ya se habrá cristalizado en alguna forma bella.

El Imparcial, 9 abril 1894, Arco Iris.

Travesura Pontificia

La gente rutinaria que piensa por patrón, medida y compás, suele imaginarse a los Papas como a unos hombres abstraídos, formalotes, serios, encorvados y agobiados, a manera de cariátides bajo el peso de la Cristiandad entera que gravita sobre sus espaldas; hombres, en fin, que se pasan la vida en la actitud hierática de sus retratos, juntando las palmas para orar o extendiendo la diestra para bendecir. Y la verdad es que los Papas, cuya virtud, de puro grande, presenta caracteres infantiles, son personas de festivo humor, de angelical alegría, de ingenio salado, que gustan de ejercitar en la intimidad, y no por acercarse a santos se creen obligados a mantenerse rígidos y tiesos, lo mismo que si se hubiesen tragado un molinillo, ni a estarse con la boca abierta para que se les cuelen dentro las moscas.

Los Papas ven, ¡y desde una legua!; sienten crecer la hierba, ¡y con qué finura!; lo observan todo, ¡con cuánta penetración!, y se ríen, ¡con qué humana y discreta risa!

¿Y por qué no se habían de reír?, pregunto yo. En verdad os digo, hermanos, que la seriedad y la formalidad sistemáticas son condiciones distintivas del borrico. Se dan casos de que asomen lágrimas a los ojos de los irracionales; nunca se ha visto que la luz de la risa alumbre su faz cerrada e inmóvil. La risa es la razón, la risa es el alma.

No creáis, sin embargo, que el reír papal se parece a esa carcajada descompuesta, bárbara y convulsiva, que se manifiesta en grotescas gesticulaciones, obligando a apretarse con las manos el hipocondrio, a descuadernarse las costillas y a desencajarse las mandíbulas. La risa de los Papas apenas rebasa algún tanto los límites de la sonrisa; pero notad que la sonrisa propiamente dicha suele ser melancólica; y desde que se convierte en risa, o manifiesta únicamente el contento o la fina sal de la malicia observadora.

La melancolía tiene un dejo de amargura, misantropía, aburrimiento y pesimismo. Y como los Papas, rodeados de tanto amor, asistidos por el espíritu de caridad, no son nunca amargos ni misántropos, y los cercan demasiadas ocupaciones para que les sobre tiempo de aburrirse, de ahí que no conozcan la melancolía, ese infecundo amargor psíquico, destilado en nosotros por la doble hiel de nuestro hígado y de nuestras decepciones. Como, por otra parte los Papas son gente de talento, de altísima posición, conocedores de la sociedad, depósito y arca de experiencia, su templada risa encierra la suma filosofía de la vida mundanal.

Estas observaciones referentes a los Papas me las sugiere la anécdota que voy a referir, y que cuenta ya bastantes años de fecha, pues no ocurrió en el actual Pontificado, sino en otro, cuando la soberanía pontificia se encontraba en todo su auge y esplendor.

El excelentísimo señor don Inocencio Pavón, nacido en Asturias y recriado en Madrid, a la sombra de las alas de un conspicuo personaje moderado, había obtenido, después de varios tumbos por el mundo oficinesco y oficial español y mediante influencias y gestiones que no nos importan un bledo, asumir en la Corte pontificia la representación de tres o cuatro repúblicas hispanoamericanas de las más chicas y pobres, y de las más nacientes e informes en aquel período.

Con esto, el señor Pavón se tenía por tan embajador como el más pintado. Y no le hablasen a él de que ningún hombre nacido le ganase la palma en embajadear. A los individuos del cuerpo consular los miraba desdeñoso y compadecido, y aspiraba a no tratarse, a no alternar ni cruzar palabra sino con los plenipotenciarios de las grandes potencias. Desgraciadamente, estos señores gastaban unos hombros tan altos, una cara tan seria y acartonada, unas patillas tan dignas y simétricas, unos bigotes tan peinados y correctos y una mirada tan distraída, que era cosa de jurar que ni veían al resto de la Humanidad que no desempeña Embajadas.

La tiesura del embajador británico; la aristocrática impertinencia del austríaco; las formas confianzudas pero protectoras y humillantes del español; la desembozada grosería del francés, teníalas nuestro Pavón sentadas en la boca del estómago, y no había cataplasma que se las quitase. Al mismo tiempo las estudiaba como se estudia un arte para aplicar a los inferiores, cuando le tocaba su vez, tantos modos de desdeñar y de darse tono diplomáticamente.

Había que ver a Pavón cuando, revestido de un uniforme de capricho, elegido entre varios modelos, a cual más bordado y recamado, asistía a las recepciones en la logia vaticana, o acudía a las privadas audiencias que a cada triquitraque acostumbraba demandar al Pontífice. No le faltaban nunca pretextos para dar jaqueca al Papa. Como las republiquitas que representaba Pavón estaban en vías de constituirse, y siempre andaban engarfiadas por asunto de límites, fronteras y territorios, sucedía que hoy, verbigracia, acudiese Pavón a exponer las quejas de una república, y mañana a esforzar argumentos contrarios en favor de su rival. Todo ejecutado con la imparcialidad más estricta y la solemnidad más profunda, sin que el Papa se diese nunca por entendido de que Pavón le estaba diciendo y rogando lo contrario de lo que la víspera le dijera y rogara.

También solía Pavón llevar a la Cámara pontificia cuestiones de fuero y organización eclesiástica, distribución de parroquias, provisión de sedes episcopales y otras del mismo jaez.

Para semejantes casos tenía Pavón estudiadas y aprendidas al dedillo ciertas fórmulas oratorias y muy sonoras e imponentes, como si de legua arriba o legua abajo de un obispado in pártibus, o de una parroquia más o menos en el valle de Pachacamac, dependiese la solución de algún conflicto internacional muy peliagudo, o la salvación del orbe cristiano.

—Reclamo toda la atención de Su Santidad y la del señor cardenal secretario de Estado acerca de este punto arduo y delicadísimo... El problema que me trae a vuestros pies, Padre Santísimo, es de aquéllos que solo una prudencia exquisita resuelve de un modo satisfactorio... Hoy nos toca dilucidar materias altamente importantes...

Etcétera, etcétera.

A cada uno de estos delicadísimos asuntos que arreglaba diciendo por fin amén, y accediendo completamente a las indicaciones del Vicario de Cristo, Pavón que ya poseía todas las cruces españolas, era agraciado con alguna orden o condecoración pontificia. Sin embargo, como el número de éstas no es infinito, fueron agotándose, y finalmente, se concluyeron. Al presentarse una ocasión nueva de recompensar los servicios, el celo y la diplomacia de Pavón, el cardenal secretario de Estado hubo de preguntar al Papa:

—Santidad, yo no sé qué vamos a ofrecer a este benedetto Pavón, porque él se eterniza en su puesto. Lleva en Roma cinco años, y no le falta ninguna distinción, cruz o cinta. Padre Santo, ¿qué le daríamos?

—Queda de mi cuenta. Yo discurriré lo que se le ha de dar —contestó tranquilamente el Sumo Pontífice.

En efecto: la primera vez que se apareció Pavón por el Vaticano a presentar sus respetos al Papa, éste, llamándole con afectuosa familiaridad al hueco de una inmensa ventana que domina los Jardines deliciosos donde hoy León XIII tiende redes a los pájaros, sacó del bolsillo una cajita, y de la cajita preciosa tabaquera de oro. Ligero círculo de brillantes rodeaba la tapa, haciendo resaltar el primoroso esmalte de la miniatura en que sonreía la cara bondadosa y plácida del Pontífice.

El Papa estaba lo que se dice hablando. Las perfectas facciones de su rostro, pintiparadas para una medalla; su frente nítida, que destellaba inteligencia; los mechones argentados del cabello, escapándose de la suave presión del solideo blanco, los ojos reidores, benévolos, con su toquecillo malicioso allá en el fondo de las niñas; hasta los armiños y el terciopelo rojo de la muceta, todo resaltaba en la obra de arte. La cual, aparte de valer un tesoro por su mérito intrínseco, suponía como regalo la más cortés y exquisita atención, porque nada agradaba tanto a Su Santidad como absorber una pulgarada de tabaco fino, y se refería que en cierta ocasión, habiendo ofrecido un polvo de rapé a un cardenal, y contestándole éste que «no tenía semejante vicio», el Papa hubo de replicar:

—¡Ah!, el tabaco no es vicio, que si fuese vicio, lo tendríais.

¿Qué mayor obsequio de parte del Papa que una tabaquera? Pavón se confundió y deshizo en expresiones de gratitud, y en protestas de su indignidad para merecer favor semejante.

Al otro día, el Papa preguntó al cardenal secretario:

—¿Qué tal nuestro Pavón? Supongo que no estará descontento.

—¡Descontento! ¡Ah, «Santità»! ¿Cómo descontento? ¡Pues si está loco, trastornado; si no sabe lo que le pasa! De tal manera le ha sorbido el seso y aturrullado la nueva distinción, que ha llegado al extremo...

—¿De qué?

—De preguntarme... Adivine Su Santidad lo que me habrá preguntado.

—¿Para qué sirve la tabaquera?

—Mucho más, mucho más... ¡De qué color es la cinta!

—La cinta... ¿para colgarla?

—Justo.

Más luminosa y jovial que nunca retozó la sonrisa del Papa sobre sus correctas facciones, prestando brillo singular a sus claros y áureos ojos.

—¡La cinta para colgarla! —repitió—. Dio! E molto semplice! No había más que responderle...: «color de tabaco».

El secretario de Estado, sin poderse reprimir, lanzó una carcajada suave y melodiosa, que brotó de entre sus blancos dientes como el agua de una fontana de mármol antiguo.

Tampoco el cardenal secretario era capaz de reírse con espasmos brutales ni más ni menos que un gañán, y su fina risa armonizaba bien con su tipo prelacial, pulcro y elegante, su sotana divinamente cortada y airosamente ceñida por la faja de seda roja, su pie largo y calzado al primor, su fisionomía sagaz y melosa de diplomático italiano.

Pasado aquel minuto de broma, el Papa y el secretario se consagraron al despacho de graves asuntos, y no se habló más de Pavón ni de su tabaquera. Pero el primer día de recepción solemne en el Vaticano, el cardenal y el Pontífice cruzaron una ojeada rápida, vivísima, viendo entrar al señor don Inocencio todo resplandeciente de cruces, estrellas y placas. Su pecho era un calvario, y deslumbraba por su magnificencia. Y entre tanto colgajo y brillete, uno sobre todo atraía la atención, la curiosidad y acaso la envidia de los circunstantes sorprendidos e ignorando qué significaba aquella condecoración novísima.

Era —pendiente de ancha cinta de seda color tabaco maduro— la caja de rapé del Papa, cegando la vista con su círculo de brillantes, y ostentando en su centro la hermosa cabeza pontificia.

¿Duraron mucho tiempo la broma y los comentarios de este episodio? ¿Trascendieron al público?

Mal conocería el Vaticano quien tal pensase. El Vaticano es la discreción y la sobriedad misma. Si se perdiesen las buenas tradiciones y los selectos moldes de la diplomacia y la cortesanía, volverían a encontrarse en el Vaticano. Allí no se conciben guasas pesadas, indicio evidente de pésimo gusto y de rústica educación, ni se concede a las humanas flaquezas, previstas, adivinadas y absueltas de antemano, mayor atención que la de un discreto cuchicheo. El que quiera aprender tacto y mundología, al Vaticano debe acudir para que lo descortecen con el ejemplo. Si los clérigos zafios y los fanáticos radicales de nuestros partidos extremos fuesen capaces de suavizarse, en el Vaticano se cumpliría milagro tan asombroso.

A los pocos meses de haberse presentado Pavón con su tabaquera colgada, se ofreció nuevamente el caso de tener que recompensar de algún modo sus servicios. De esta vez, el cardenal secretario manifestó al Papa que él, por su parte, renunciaba a discurrir lo que podría Su Santidad ofrecer a Pavón. El Papa, con su habitual serenidad, anunció que se disponía a enviar sin tardanza alguna a casa de don Inocencio una pequeña muestra de su gratitud y del aprecio en que tenía su celo y actividad en pro de la Santa Sede.

Muerto de curiosidad andaba el secretario de Estado por averiguar en qué consistía la pontificia dádiva; pero el Papa, con picardía de chiquillo y reserva de soberano, cerraba su boca o desviaba la conversación al traerla el cardenal hacia ese punto. Solo pudieron sacarle unas palabras:

—Lo que le he dado a Pavón.. ¡Ah! Espero que es cosa que no podrá colgársela.

Por fin, el cardenal, intrigadísimo, se resolvió a hacer a Pavón una visita en toda regla a ver si lograba esclarecer el misterio. Y apenas entró en la sala, cuando distinguió un objeto, que indudablemente era el regalo pontificio.

Aquella inmensa consola, con acanaladas y doradas patas al estilo del Imperio de Bonaparte; con su inmenso tablero de mosaico, donde se desplegaban en semicírculo el Panteón, el Coliseo, la columnata de Berinio, el Acqua Paola, la Mole Adriana y demás monumentos universalmente célebres de Roma, era, claro está, la fineza ideada por el Vicario de Cristo para que a Pavón no se le ocurriese colgársela del pescuezo.

Apenas fue admitido a presencia del Papa, el secretario dijo chuscamente:

—Padre Santo, he tenido el gusto de admirar el presente que Vuestra Santidad ha ofrecido al signor Pavone. Bella cosa. Solo que esta vez no me ha preguntado el color de la cinta.

—Pues si pregunta, no hay que asombrarse ni aturdirse, sino responder que es color de cable —advirtió benignamente el augusto anciano, que con su níveo traje, y el sonrosado color de sus mejillas, y la irradiación casi lumínica de su rostro, parecía un arcángel volando por encima de las miserias terrenales y las pequeñeces de la vanidad.

La España Moderna, tomo IX, 1890. Recogido en *Cuentos escogidos*. Arco Iris.

Vidrio de colores

Esto sucedía en los tiempos en que la Fe, extendiendo sus alas de azur oceladas de vívidos rubíes, cubría y abrigaba con ellas el corazón de los mortales; en que la Esperanza, desparramando generosamente las esmeraldas que bordean su regia túnica, al punto hacía renacer otras más limpias y transparentes; en que la Caridad, apartando con ambas manos los labios de su herida, descubría sus entrañas de pelícanos para ofrecer sustento a la Humanidad entera. Esto sucedía cuando las ojivas, esbeltas y frágiles como varas de nardo, empezaban a brotar del suelo, y los rosetones a abrir sus pétalos de mística fragancia; cuando por las aldeas pasaban hombres vestidos de sayal y con una cuerda a la cintura, anunciando segunda vez la Buena Nueva, y por las calles de las ciudades, en larga y lenta procesión a la luz de las antorchas, cruzaban los flagelantes, de espaldas desnudas acardenaladas por los latigazos, y las piedras de los altares se estremecían al candente contacto de las lágrimas de amor que derramaban las reclusas.

Esto sucedía, sin embargo, en una metrópoli de la Francia meridional, en la floreciente Tolosa, donde, en vez de la devoción y el temor de Dios, reinaban la impiedad, la molicie y el desenfreno. Un alma pura solo motivos de escándalos encontraría allí. La herejía, insinuándose y dominando las conciencias, había traído de la mano la licencia y el vicio, y lo mismo en Tolosa que en Beziers y Carcasona y en todo el país de Alby, no oyerais resonar los rezos, sino los afeminados acordes del laúd y la viola y las endechas de los trovadores.

Y no vierais penitentes de carnes ennegrecidas por las disciplinas, sino mancebos de justillo de terciopelo y mujeres vestidas de joyante seda, con el rostro encendido y el cabello suelto bajo el círculo de oro que lo ceñía a las sienes. Mujeres que, incitadoras y lánguidas, respirando una flor, permanecían en los jardines hasta entrada la noche, platicando de gay saber o de amoríos, lo cual viene a ser platicar de lo mismo, porque la poesía no es sino voz de la tentación, que a la vez embriaga los sentidos y prende con redes de oro el espíritu inmortal.

Y es de saber que en todo aquel país la religión estaba olvidada y vivían en amigable consorcio las más diversas castas de pecadores y de incrédulos, y se ostentaba en múltiples formas repugnantes la herética pravedad.

Allí se refugiaban los pérfidos judíos –perseguidos doquiera menos allí–; allí pululaba todo linaje de sectas, en promiscuidad indiferente y vergonzosa, como fieras de distinta especie encerradas en una jaula misma. Pero los que preponderaban, los que extraviaban al pueblo y a los señores, pegándoles la lepra de las malas doctrinas, eran ciertos sectarios que en aquel país habían arraigado desde muy antiguo, como cizaña en heredad trigal.

Estos herejes, de índole contumaz y maligna, eran continuadores de ciertas nefandas doctrinas propagadas desde del siglo II de la Iglesia. Tal herejía se llamó «maniqueísmo», y fue su martillo el africano Agustín.

Los sectarios de la malvada doctrina, en vez de adorar a un solo Dios, Criador del Cielo y de la Tierra, daban culto a dos principios: uno que causa el bien; otro mucho más poderoso, que es origen del mal; de suerte que venían a ser adoradores del demonio o antiguo dragón, y seguían sus huellas negando la obediencia, la sumisión y el respeto a todo poder, y siendo así precursores de otras herejías peligrosísimas que, en el terreno histórico, habían de llamarse revoluciones.

Ocurrió, pues, que un varón de Dios, inflamado en santo celo, apiadado de las muchas almas que diariamente caían al horno infernal en aquella desgraciada ciudad de Tolosa –fray Filodeo, de la naciente y animosa Orden de los Hermanos Predicadores, que aquí nombramos dominicos, en memoria de su fundador, Domingo de Guzmán–, resolvió ir a Tolosa y predicar en la plaza pública, retando a los herejes a que disputasen con él, para convencerles a fuerza de irrefutables argumentos, demostrándoles que vivían esclavos del error y juguetes del espíritu maligno, que los burlaba y los perdía.

Era fray Filodeo un hombre evangélico, de columbina inocencia, pero de agudo intelecto, alumbrado por una especie de aurora de la doctrina que después enseñó el divino Tomás, el gran Buey mudo. Y su dialéctica robusta y armada de punta en blanco sabía acorralar y confundir a sus adversarios, obligándoles a reconocerse vencidos.

Desde el instante en que fray Filodeo puso el pie en Tolosa, sintió una turbación extraña. Aquel aire perfumado y seco, con rachas de solano abrasador, le oprimía; aquellos rostros alegres, picarescos y burlones; aquellas mujeres, que sonreían echando el cuerpo fuera de las ventanas enramadas de jazmín; aquellos hidalgos de bizarro atavío, que le miraban con cierta diferencia compasiva; aquella gente empedernida, que parecía de antemano burlarse mansamente de la palabra de Dios, todo causó al justo Filodeo dolorosa confusión y desaliento profundo.

Como se filtra el arroyuelo por la candente arena, su entusiasmo se filtraba al través de su espíritu. Asustado de su propia sequedad, Filodeo se arrojó a los pies de una imagen de la Virgen, una efigie de plomo de la cual no se separaba nunca, y pidió que le fuese devuelta la energía y que su voluntad no desmayase ni cediese. Aquella misma noche supo que aceptaban su reto, y que discutirían con él en la plaza pública tres de los herejes más afamados. Uno era el doctor en leyes, Arnaldo; otro, el canónigo Herberto, y el tercero, Renato, el trovador cuyas canciones disolutas, procaces y mofadoras contra el Pontífice romano, se cantaban en todas las plazuelas de Tolosa. Para luchar con tres combatientes de tal brío, bien necesitaba fray Filodeo poderosa asistencia divina.

Al subir al día siguiente al tablado, en derredor del cual hervía un gentío inmenso, el fraile llamó en su auxilio toda la ciencia aprendida, toda la habilidad polémica que le habían hecho tan famoso, y prevenido y resuelto aguardó. Entablóse la disputa, pero desde el primer instante fray Filodeo se dio cuenta de que en el torneo iba a ser desarzonado. Argüían por turno sus tres enemigos y desbarataban con infernal malicia sus razonamientos mejores, sus pruebas más fuertes. Arnaldo, con habilidad perversa de leguleyo corrompido, hecho a sostener indistintamente el pro y el contra, retorcía y desfiguraba las cuestiones. Herberto, sirviéndose como de un puñal de ciertos pasajes de la Escritura, los adaptaba a su error y le prestaba el rostro resplandeciente de la verdad.

Y Renato, sazonándolo todo con la corruptora sal de su ingenio, clavaba el aguijón de su ironía hasta el alma del campeón de Cristo. Escuchaba éste alrededor del tablado murmullos de mofa y carcajadas argentinas de mujeres, y un sudor glacial brotaba de su frente y un abatimiento mortal penetraba hasta la médula de sus huesos. Estrechando los brazos contra el pecho, sintió el realce de la efigie de plomo. Un destello de luz clara, inmensa, alumbró su mente. Encarándose con sus adversarios, les dijo en voz que retumbó por todos los ámbitos de la plaza:

—La razón humana es falible; la inteligencia, una chispa que apaga cualquier soplo de viento. Me confieso vencido en la disputa. Vuestra sabiduría, vuestro entendimiento, son mayores. Yo no encuentro ya en mí mismo recursos para defender la justicia. ¡No os alegréis, que no por eso me rindo todavía! Pues sostenéis que el mal es más poderoso que el bien, llamadle en vuestra ayuda. Una prueba, la primera y última, y me entrego. Traed tres copas llenas de vino, y que una sola venga envenenada. Sin moverme de aquí, sin acercarme a las copas, os diré cual de ellas encierra la ponzoña. Y si me equivoco, hacédmela beber.

Ante lo terrible de la prueba, enmudeció el gentío, mientras los tres sofistas, haciéndose guiños de inteligencia, corrían en busca de las copas.

Por el camino convinieron en la más divertida farsa. Envenenarían las tres, y así que fray Filodeo señalase una, se reirían de él a carcajada tendida. Así lo pusieron por obra. Al colocar sobre una mesa, en el tablado, a vista de todo el concurso, la copa de oro, la de plata y la de barro llenas hasta el borde del rojo vino de la Provenza, vieron que el dominico, que tenía los ojos fijos en el cielo y rezaba entre dientes, volvía de pronto la mirada hacia las copas y gritaba con fuerza terrible:

—Siervos de Satanás, ¿creéis engañarme? ¡Las tres copas traen veneno, como vuestras tres almas están en poder del demonio!

Y el atónito gentío y los aterrados herejes vieron surgir de cada copa algo que se movía, que ondulaba, que se erguía y latigueaba furiosamente, y que por fin se lanzaba fuera en dirección de los tres adversarios de fray Filodeo, mordidos a un tiempo por una víbora, de esas víboras negriazules que aún hoy suelen enroscarse en Alby al tobillo del campesino descuidado.

La dureza de corazón de aquel país era tanta, que a pesar de este prodigio no se convirtió, y fue casi destruido por los cruzados de Simón de Monfort en las guerras llamadas de los albigenses.

Blanco y Negro, núm. 338, 1897.

El peregrino
Muy lejanos, muy lejanos están ya los tiempos de la fe sencilla, y solo nos los recuerdan las piedras doradas por el liquen y los retablos pintados con figuras místicas de las iglesias viejas. No obstante, suelo encontrar en las romerías, ferias y caminos hondos de mi tierra, un tipo que me hace retroceder con la imaginación a los siglos en que por ásperas sendas y veredas riscosas, se oía resonar el himno ¡Ultreja!, cántico de las muchedumbres venidas de tierras apartadísimas a visitar el sepulcro de Santiago, el de la barca de piedra y la estrella milagrosa, el capitán de los ejércitos cristianos y jinete del blanco bridón, espanto de la morisma.
Siempre que a orillas de la árida carretera, sentado sobre la estela de granito que marca la distancia por kilómetros, veo a uno de esos mendigos de esclavina y sombrero de hule que adornan conchas rosadas, otros días y otros hombres se me aparecen, surgiendo de una brumosa oscuridad; y así como en el cielo, trazado con polvo de estrellas, distingo en el suelo el rastro de los innumerables ensangrentados pies que se dirigían hace siglos a la catedral hoy solitaria...
Me figuro que los peregrinos de entonces no se diferenciaban mucho de éstos que vemos ahora. Tendrían el mismo rostro demacrado, la misma barba descuidada y revuelta, los mismos párpados hinchados de sueño, las mismas espaldas encorvadas por el cansancio, los mismos labios secos de fatiga; en la planta de los pies la misma dureza, a las espaldas el mismo zurrón, repleto de humildes ofertas de la caridad aldeana... Hoy hemos perfeccionado mucho el sistema de las peregrinaciones, y nos vamos a Santiago en diligencia y a Roma en tren, parando en hoteles y fondas, durmiendo en cama blanda y comiendo en mesas que adornan ramos de flores artificiales y candelabros de gas...
En la choza del aldeano acogen cordialmente al peregrino. Para una casa donde le despidan con palabras acres, tratándole de haragán y de vicioso, hay diez o doce que abren la cancilla sin miedo y le reciben con hospitalaria compasión, dándole por una noche el rincón del «lar» en invierno y el «mollo» de fresca paja en verano...
De verano era aquella noche —16 de agosto, fiesta de San Roque milagroso—, cuando un peregrino pidió albergue al labrador más rico de la parroquia de Rivadas. El labriego, que era de éstos que llaman de «pan y puerco», había

celebrado aquel día una comilona con motivo de ser San Roque patrón de la aldea y haber llevado él, Remualdo Morgás, el «ramo» en la procesión. Allí estaba todavía el ramo, respetuosamente apoyado en la pared, salpicado de flores artificiales, de hojas de talco y de rosquillas atadas con cintas de colores. Y la «familia», es decir, la parentela y los convidados, bien bebidos, bien comidos, regalados a cuerpo de rey, con esa abundancia que despliegan en día de hartazgo los que todo el año se alimentan mal y poco, se disponían a formar tertulia en la puerta, tomando «el lunar».

Los viejos se sentaron en bancos de madera, taburetes o «tallos»; una muchacha alegre requirió la pandereta; otra, no menos gaitera de condición, sacó las postizas; los mozos se colocaron ya en actitud de convidar al baile; los chiquillos, con el dedo en la boquita, el vientre lleno y estirado como un tambor, digiriendo el dulce arroz con leche, muertos de sueño y sin querer acostarse, esperaban a ver el regodeo. La reunión estaba muy alegre, animada por la buena comida y el vinillo, y dispuesta a solazarse hasta la medianoche, hora bastante escandalosa en Rivadas.

Aparecióse entonces el peregrino. Le reconocieron de verle por la mañana en la iglesia, donde había pasado el tiempo que duraron la misa y la función, arrodillado en la esquina del presbiterio, con los brazos abiertos, los ojos fijos en el Sagrario, y rezando sin cesar. Las plantas de los pies, que se le veían por razón de la postura, habían arrancado a las mujeres —tal las tenía— frases de asombro y lástima. Las guedejas largas, negras, empolvadas y en desorden, colgaban sobre la esclavina agrietada y vieja, donde ya faltaban algunas conchas, y otras se zarandeaban medio descosidas. La calabaza del bordón estaba hecha pedazos; el sayo, de paño burdo, mostraba infinidad de jirones y remiendos. No debía de llevar ropa interior, porque al subir los brazos para ponerlos en cruz, aparecían desnudos, flacos, con las cuerdas de los tendones señaladas de relieve y los huesos mareándose lo mismo que en una momia.

Con todo, al presentarse de noche el peregrino, no le miraron los labriegos sin alguna prevención. Estaban contentos, hartos, en ánimo de divertirse y aquel hombre ni venía a bailar ni a reír; advertíase que no era de esos bufones de la mendicidad, encanto de las tertulias de los campesinos, que pagan su escote diciendo agudezas y vaciando el saco sin fondo de los cantares y los cuentos. Hicieron sitio al peregrino, y hasta le ofrecieron un rincón del banco;

pero se comprendía que hubiesen preferido no tener aquella noche semejante huésped.

Sentóse, o mejor dicho se dejó caer, rendido, sin duda, por el calor y la fatiga ya crónica. Desciñóse el zurrón, flojo y vacío por arriba, pero que en el fondo abultaba, y se quitó el sombrero adornado de conchas pequeñas. Era un hombre como de treinta a treinta y cinco años, de cara larga, cóncavos ojos y barba muy crecida. Sentado y todo, en vez de saludar al concurso, rezaba entre dientes.

—Déjese ahora de oraciones, y coma, que falta le hará —advirtió compadecido el tío Remualdo—. Rapazas, a traerle «bolla» de la fiesta y un vaso de vino viejo.

—No bebo vino —contestó el penitente; y todos callaron, sin atreverse a insistir, porque comprendieron que estaba «ofrecido», que había hecho voto de no catarlo. La moza de las castañuelas presentó el zoquete de «bolla» y el peregrino lo tomó con ansia; pero antes de llegarlo a la boca, se bajó, cogió con los dedos un puñado de polvo y lo esparció sobre el pan, hincándole al punto los dientes.

Mascó con avidez atragantándose, y pidió agua por señas, apuntando a la calabaza rota. Un mozo ágil y vivo salió por agua a la fuente..., pues en día como aquél del patrón San Roque, el agua estaba proscrita en casa de Morgás. Presto volvió con una «cunca» o escudilla de barro llena de agua fresquita, y el peregrino, arrojándose a la escudilla, la asió con las dos manos y la apuró de una vez, sin respiro. Limpióse la boca con el reverso de la mano, y pronunció en tono de compunción profunda:

—¡Gracias a Dios!

—Pudo venir antes, hombre —indicó en son de censura el tío Remualdo—. Pudo venir por la tarde..., y comía y bebía a gusto carne y bacalao a Dios dar.

—Por la tarde no podía, no, señor —objetó el peregrino—. Tenía que ayunar desde puesto el Sol de ayer hasta ponerse el de hoy. Y tenía que pasar las horas del día éste rezando con los brazos abiertos...

—¡Jesús, Ave María; San Roque bendito! —murmuraron las mujeres con acento entre lastimero y respetuoso.

Ninguna pensaba ya en cánticos ni en danzas; el peregrino, que momentos antes les había parecido un estorbo, ahora absorbía su atención; asediábanle a preguntas.

—¿Va a las Ermitas? —indicaba una.
—No, irá a la Esclavitud —advertía otra—. No, al Corpiño... A Santa Minia de Briones...
—Voy a Santiago —respondió el peregrino—. Con ésta son siete las veces que tengo ido, siempre por caminos diferentes, cuanto más largos y más malos mejor.
—¿Por oferta?
—Por oferta de toda la vida.
—¡De toda la vida! —repitieron atónitos los aldeanos, que, sin embargo, son gente que hace lo posible por no admirarse de nada.
—¡Ay! —silabearon viejas y muchachas, agrupándose en torno de él—. ¡Ay, nuestra alma como la suya! ¡Éste sí que gana el Cielo! ¡Es un santo!
—Soy un pecador malvado, infame —contestó sombríamente el peregrino, que sin duda tenía aprendido de memoria y preparado el modo de acusarse y confesarse en público—. Soy un pecador malvado; no soy «dino» de que la tierra me aguante vivo ni de muerto... ¿Queréis darme de palos o hartarme de bofetones, almas cristianas? Haréis muy bien, y yo rezaré por vosotros.
Y como los aldeanos se quedasen suspensos, mirándose, reiteró la súplica.
—Ya me habéis dado de comer, y el Señor vos lo pagará y vos lo aumentará de gloria; ahora vos pido por el alma de vuestros padres que me deis con un palo. Hice oferta de dejar que me sacudan y de pedir por Dios aún más. Nadie quiere... Pues bien lo merezco... ¡Soy un pecador malvado! —repitió con entonación lastimera.
—¡Jesús! —gimoteó la provecta señora Juana, mujer del anfitrión, juntando las manos como para orar—. Tanto ayuno y tanta penitencia, «malpocadiño»... A la fuerza tiene que ser por un pecado muy grande, muy grande. ¿Qué pecado fue, «santiño»? Todos somos pecadores. ¡Jesús, Jesús!
No respondió el peregrino al pronto, y sus ojos, relucientes como ascuas, se fijaron en la mujer que le dirigía la pregunta. La Luna había salido ya, y le alumbraba de lleno el rostro. A su luz, clara entonces como la del mediodía, se vieron correr por las demacradas mejillas del penitente dos lágrimas.
—Yo tuve un hermano —murmuró al fin con voz cavernosa—. Éramos solitos, porque quedamos sin padre ni madre. Mi hermano era el más pequeño. Trabajaba bien la tierra, y vivíamos. Él andaba loco detrás de una rapaza del

179

lugar, que se llamaba Rosa. Y ella..., Nuestro Señor la perdone..., ríe de aquí, canta de allí..., y todo se le volvía alabarse de que a mi hermano le haría cara, pero que a mí me aborrecería, que no me daría ni una palabra si me arrimase a ella, que más se quería casar con el último de la aldea que conmigo... Y en las romerías y al salir de misa, me hacía burla y me decía vituperios... Y yo por tema me arrimé..., y Rosa...
—¿Qué hizo? ¿Le quiso? ¿Dejó a su hermano? —preguntaron ansiosas las mujeres, interesadas por el drama de amor que entreveían en aquel relato entrecortado e informe.
—Lo dejó..., ¡Dios la perdone! —respondió el penitente, arrancando de lo hondo del pecho un suspiro largo—. Y..., tanta rabia tomó el infeliz, que se vino a mí como un lobo a querer matarme... Yo me defendí... ¡Nunca me defendiera!... ¡Soy un pecador malvado, almas cristianas!...
Los gemidos y sollozos empañaron su voz. Todos callaban; la señora Juana se persignó devotamente...
—«Ahora» —continuó el peregrino alzando la cabeza— estoy ofrecido a pasar toda la vida peregrinando a Santiago y pidiendo limosna. Los días de fiesta, ayuno..., ¡porque un día de fiesta fue cuando!... Vamos, ya saben quién tienen aquí... ¿No me darán un rincón para pasar la noche?
La señora Juana se levantó y fue a disponer la paja más fresca y mullida, en un cobertizo pegado a la casa, sitio excelente para tiempo de verano. Buscó un saco de harina y lo colocó de modo que hiciese de cabezal; y, dispuesta así una cama envidiable, llamó a su huésped. Pero éste, abriendo el zurrón, sacó de él un piedra cuadrada, que era lo que abultaba en el fondo, y la puso en el sitio del saco de harina; hecho lo cual, se tendió en la paja. Sin duda estaba rendido, exhausto; se comprendía que le era imposible dar un paso más.
Después de su marcha, las mozas intentaron otra vez bailar, cantar y divertirse. Sin embargo, lo hacían con poco brío, sin animación ni empujones ni carcajadas. El peregrino las había «asombrado». Cantaron en dialecto coplas tristes, como ésta que traduzco:

    Todas las penas se acaban,
    mi glorioso San Martín;
    todas las penas se acaban;

las mías no tienen fin.

Y los mozos, puesta la mano detrás de la oreja, columpiando el cuerpo, les respondían con esta otra:

Cuando oigas tocar a muerto,
no preguntes quién murió;
¡puede ser, niña del alma,
puede ser que sea yo!

A la madrugada, cuando la caritativa vieja señora Juana fue al cobertizo a llevar al huésped una «cunca» de leche fresca y espumante, no vio más que el hueco del cuerpo señalado en la paja.
La piedra había desaparecido, y el hombre también, continuando su eterno viaje.

Desde allí
Don Javier de Campuzano iba acercándose a la muerte, y la veía llegar sin temor; arrepentido de sus culpas, confiaba en la misericordia de Aquél que murió por tenerla de todos los hombres. Solo una inquietud le acuciaba algunas noches, de ésas en que el insomnio fatiga a los viejos. Pensaba que, faltando él, entre sus dos hijos y únicos herederos nacerían disensiones, acerbas pugnas y litigios por cuestión de hacienda. Era don Javier muy acaudalado propietario, muy pudiente señor, pero no ignoraba que las batallas más reñidas por dinero las traban siempre los ricos. Ciertos amarguísimos recuerdos de la juventud contribuían a acrecentar sus aprensiones. Acordábase de haber pleiteado largo tiempo con su hermano mayor; pleito intrincado, encarnizado, interminable, que empezó entibiando el cariño fraternal y acabó por convertirlo en odio sangriento. El pecado de desear a su hermano toda especie de males, de haberle injuriado y difamado, y hasta —¡tremenda memoria!— de haberle esperado una noche en las umbrías de un robledal con objeto de retarle a espantosa lucha, era el peso que por muchos años tuvo sobre su conciencia don Javier. Con la intención había sido fratricida, y temblaba al imaginar que sus hijos, a quienes amaba tiernamente, llegasen a detestarse por un puñado de oro. La Naturaleza había dado a don Javier elocuente ejemplo y severa lección: sus dos hijos, varón y hembra, eran mellizos; al reunirlos desde su origen en un mismo vientre, al enviarlos al mundo a la misma hora, Dios les había mandado imperativamente que se amasen; y herida desde su nacimiento la imaginación de don Javier, solo cavilaba en que dos gotas de sangre de las mismas venas, cuajadas a un tiempo en un seno de mujer, podían, sin embargo, aborrecerse hasta el crimen. Para evitar que celos de la ternura paternal engendrasen el odio, don Javier dio a su hijo la carrera militar y le tuvo casi siempre apartado de sí; solo cuando conoció que la vejez y los achaques le empujaban a la tumba, llamó a José María y permitió que sus cuidados filiales alternasen con los de María Josefa. A fuerza de reflexiones, el viejo había formado un propósito, y empezó a cumplirlo llamando aparte a su hija, en gran secreto, y diciéndole con solemnidad:

—Hija mía, antes que llegue tu hermano tengo que enterarte de algo que te importa. Óyeme bien, y no olvides ni una sola de mis palabras. No necesito afirmar que te quiero mucho; pero además tu sexo debe ser protegido de un modo especial y recibir mayor favor. He pensado en mejorarte, sin que nadie te pueda disputar lo que te regalo. Así que yo cierre lo ojos..., así que reces un poco por mí..., te irás al cortijo de Guadeluz, y en la sala baja, donde está aquel arcón muy viejo y muy pesado que dicen es gótico, contarás a tu izquierda, desde la puerta, dieciséis ladrillos —fíjate, dieciséis—, una onza de ladrillos, ¿entiendes?, y levantarás el que hace diecisiete, que tiene como la señal de una cruz, y algunos más alrededor. Bajo los ladrillos verás una piedra y una argolla; la piedra, recibida con argamasa fuerte. Quitarás la argamasa, desquiciarás la piedra y aparecerá un escondrijo, y en él un millón de reales en peluconas y centenes de oro. ¡Son mis ahorros de muchos años! El millón es tuyo, solo tuyo; a ti te lo dejo en plena propiedad. Y ahora, chitón, y no volvamos a tratar de este asunto. ¡Cuando yo falte...!

María Josefa sonrió dulcemente, agradeció en palabras muy tiernas y aseguró que deseaba no tener jamás ocasión de recoger el cuantioso legado. Llegó José María aquella misma noche, y ambos hermanos, relevándose por turno, velaron a don Javier, que decaía a ojos vistas. No tardó en presentarse el último trance, la hora suprema, y en medio de las crispaciones de una agonía dolorosa, notó María Josefa que el moribundo apretaba su mano de un modo significativo y creyó que los ojos, vidriosos ya, sin luz interior, decían claramente a los suyos: «Acuérdate: dieciséis ladrillos... Un millón de reales en peluconas...»

Los primeros días después del entierro se consagraron, naturalmente, al duelo y a las lágrimas, a los pésames y a las efusiones de tristeza. Los dos hermanos, abatidos y con los párpados rojos, cambiaban pocas palabras, y ninguna que se refiriese a asuntos de interés. Sin embargo, fue preciso abrir el testamento; hubo que conferenciar con escribanos, apoderados y albaceas, y una noche en que José María y María Josefa se encontraron solos en el vasto salón de recibir, y la luz desfallecida del quinqué hacía, al parecer, visibles las tinieblas, la hermana se aproximó al hermano, le tocó en el hombro y murmuró tímidamente, en voz muy queda:

—José María, he de decirte una cosa..., una cosa rara..., de papá.

—Di, querida... ¿Un cosa rara?

—Sí, verás... Y te admirarás... «Hay» un millón de reales en monedas de oro escondido en el cortijo de Guadeluz.

—No, tonta —exclamó sobrecogido y con súbita vehemencia José María—. No has entendido bien. ¡Ni poco ni mucho! Donde está oculto ese millón es en la dehesa de la Corchada.
—¡Por Dios, Joselillo! Pero si papá me lo explicó divinamente, con pelos y señales... Es en la sala baja; haya que contar dieciséis ladrillos a la izquierda desde la puerta, y al diecisiete está la piedra con argolla que cubre el tesoro.
—¡Te aseguro que te equivocas, mujer! Papá me dio tales pormenores que no cabe dudar. En la dehesa, junto al muro del redil viejo, que ya se abandonó, existe una especie de pilón donde bebía el ganado. Detrás hay una arqueta medio arruinada y al pie de la arqueta, una losa rota por la esquina. Desencajando esa losa se encuentra un nicho de ladrillo, y en él un millón en peluconas y centenes...
—Hijo del alma, pero ¡si es imposible! Créeme a mí. Cuando papá te llamó estaba ya peor, muy en los últimos; quizá la cabeza suya no andaba firme: ¡pobrecillo! Y tengo sus palabras aquí, esculpidas...
—María —declaró José cogiendo la mano de la joven, después de meditar un instante—, lo cierto es que hay dos depósitos y solo así nos entenderemos. Papá me advirtió que me dejaba ese dinero exclusivamente a mí...
—Y a mí que el de Guadeluz era únicamente mío...
—¡Pobre papá! —murmuró conmovido el oficial—. ¡Qué cosa más extraña! Pues..., si te parece, lo que debe hacerse es ir a Guadeluz primero, y a la Corchada después. Así saldremos de dudas. ¡Qué gracioso sería que no hubiese sino uno!
—Dices bien —confirmó María Josefa triunfante—. Primero a donde yo digo, ¡porque verás cómo allí está el tesoro!
—Y también porque tuviste el acierto de hablar antes, ¿verdad, chiquilla? Has de saber... que yo no te lo decía porque temía afligirte; podías creer que papá te excluía, que me prefería a mí... ¡Qué sé yo! Pensaba sacar el depósito y darte la mitad sin decirte la procedencia. Ahora veo que fui un tonto.
—No, no; tenías razón —repuso María, confusa y apurada—. Soy una parlanchina, una imprudente. Debió prevenírseme eso... Debí buscar el tesoro y hacer como tú, entregártelo sin decir de dónde venía... ¡Qué falta de pesquis!
—Pues yo deploro que te hayas adelantado —contestó sinceramente José, apretando los finos dedos de su hermana.

De allí a pocos días, los mellizos hicieron su excursión a Guadeluz, y encontraron todo puntualmente como lo había anunciado María Josefa. El tesoro se guardaba en un cofrecillo de hierro cerrado; la llave no apareció. Cargaron el cofre, y sin pensar en abrirlo, siguieron el viaje a la Corchada, donde al pie de la derruida arqueta hallaron otra caja de hierro también, de igual peso y volumen que la primera. Lleváronse a casa las dos cajas en una sola maleta, encerráronse de noche y José María, provisto de herramientas de cerrajero, las abrió o, mejor dicho, forzó y destrozó el cierre. Al saltar las tapas brillaron las acumuladas monedas, las hermosas onzas y las doblillas, que los dos hermanos, sin contarlas, uniendo ambos raudales, derramaron sobre la mesa, donde se mezclaron como Pactolos que confunden sus aguas maravillosas. De pronto, María se estremeció.

—En el fondo de mi caja hay un papel.

—Y otro en la mía —observó el hermano.

—Es letra de papá.

—Letra suya es.

—El tuyo, ¿qué dice?

—Aguarda..., acerca la luz...; dice así: «hijo mio: si lees esto a solas, te compadezco y te perdono; si lo lees en compañía de tu hermana, salgo del sepulcro para bendecirte...»

—El sentido del mío es idéntico —exclamó después de un instante, sollozando y riendo a la vez, María Josefa.

Los mellizos soltaron los papeles, y, por encima del montón de oro, pisando monedas esparcidas en la alfombra, se tendieron los brazos y estuvieron abrazados buen trecho.

Blanco y Negro, núm. 338, 1897.

Libros a la carta

A la carta es un servicio especializado para
empresas,
librerías,
bibliotecas,
editoriales
y centros de enseñanza;
y permite confeccionar libros que, por su formato y concepción, sirven a los propósitos más específicos de estas instituciones.

Las empresas nos encargan ediciones personalizadas para marketing editorial o para regalos institucionales. Y los interesados solicitan, a título personal, ediciones antiguas, o no disponibles en el mercado; y las acompañan con notas y comentarios críticos.

Las ediciones tienen como apoyo un libro de estilo con todo tipo de referencias sobre los criterios de tratamiento tipográfico aplicados a nuestros libros que puede ser consultado en Linkgua-ediciones.com.

Linkgua edita por encargo diferentes versiones de una misma obra con distintos tratamientos ortotipográficos (actualizaciones de carácter divulgativo de un clásico, o versiones estrictamente fieles a la edición original de referencia).

Este servicio de ediciones a la carta le permitirá, si usted se dedica a la enseñanza, tener una forma de hacer pública su interpretación de un texto y, sobre una versión digitalizada «base», usted podrá introducir interpretaciones del texto fuente. Es un tópico que los profesores denuncien en clase los desmanes de una edición, o vayan comentando errores de interpretación de un texto y esta es una solución útil a esa necesidad del mundo académico.

Asimismo publicamos de manera sistemática, en un mismo catálogo, tesis doctorales y actas de congresos académicos, que son distribuidas a través de nuestra Web.

El servicio de «Libros a la carta» funciona de dos formas.

1. Tenemos un fondo de libros digitalizados que usted puede personalizar en tiradas de al menos cinco ejemplares. Estas personalizaciones pueden ser de todo tipo: añadir notas de clase para uso de un grupo de estudiantes, introducir logos corporativos para uso con fines de marketing empresarial, etc. etc.

2. Buscamos libros descatalogados de otras editoriales y los reeditamos en tiradas cortas a petición de un cliente.

www.ingramcontent.com/pod-product-compliance
Lightning Source LLC
Chambersburg PA
CBHW031320160426
43196CB00007B/594